Stendel

Inhalt

I. Die mystische Katze 7
Die Katze im Holunderbaum 11
Das Gericht der Tiere 15
Das Gold der Waldfrau 19
Sibyllenfahrt 22
Die weiße Katze 25
Das Mädchen mit den weißen Kätzchen 29
Das Geschenk der Holle 33
Die einäugige Katze 35
II. Die magische Katze 38
Der Kater Wiljiki 43
Der Katzenkönig 47
Die Teufelskatze 49
Das Katzenweible 50
Das Nachtvolk 51
Der Wundertaler 53
Die rote Katze von Vogelsbüsch 55
Die Alexanderkatze 58
Der Doktor mit den Böcken 61
Der Spielmann und die Grafentochter 63
Spiegel das Kätzchen 67
III. Die Katze bei Mensch und Tier 112
Der Kater Johann 117
Wie Katze und Hund dem Fuchs halfen 122
Das Schloss, das auf goldenen Säulen stand 127
Die Hexenwäsche 137
Katze, Hahn und Sichel 138
Der Maushund von Schilda 142
IV. Redewendungen und Sprichwörter 145
Die drohenden Katzen 147
Kater Martinichen 148
V. Die Katze in der Volksmedizin 154
Kleine Fabel 156

Katze und Maus in Gesellschaft	157
Kater, Hahn und Füchsin	160
Die Glockenblume	163
Vom Kater und dem Sperling	164
Die List der Katze	165
Der Kater und die Füchsin	167
Autoren	172
Literaturverzeichnis	173

I. Die mystische Katze

Als gezähmtes Tier und Mitglied der menschlichen Gemeinschaft ist die Katze, etwa ab dem 2. Jahrtausend vor Christus, zuerst in Ägypten nachweisbar. Ägyptische Priester errichteten der Katzengöttin Bastet gar einen Tempel. In ihm sollen nach Angaben des griechischen Geschichtsschreibers Herodot Hunderte von Katzen ein wahres Luxusleben geführt haben und nach ihrem Tod – den Pharaonen gleich – mumifiziert worden sein. Tatsächlich entdeckten zu Beginn dieses Jahrhunderts Archäologen zahlreiche solcher Katzenmumien. Wenn in einem altägyptischen Haushalt eine Katze starb, dann rasierten sich die Hausbewohner als Zeichen der Trauer die Augenbrauen. Wer eine Katze tötete oder misshandelte, musste selbst mit der Todesstrafe rechnen.

Eine historische Überlieferung macht deutlich, wie heilig die Katze für die Ägypter war: Im 6. Jahrhundert vor Christus fiel der persische Kaiser Kambyses II. in Ägypten ein. Bei der Belagerung einer Stadt warnten die Berater Kaiser Kambyses davor, sie im Sturm zu nehmen, da die gefürchteten ägyptischen Bogenschützen das Heer der Perser dabei sicher dezimiert hätten.

Kambyses befahl, dass jeder Soldat beim Angriff eine Katze vor sich herzutragen hätte. Als die ägyptischen Befehlshaber dies sahen, verboten sie den Bogenschützen ihre Pfeile abzufeuern. Lieber nahmen sie eine vernichtende Niederlage hin, als zu riskieren, ein heiliges Tier zu töten.

Aber nicht nur in der ägyptischen Religion und Kultur nahm die Katze eine herausragende Stellung als göttliches Tier ein. Auch in der germanischen Mythologie taucht die Katze auf. Einerseits wurde sie als Repräsentantin der Totengöttin Hel als ein Vorzeichen des Todes gedeutet. In dieser Verbindung wurde vor allem der unergründliche, unheimliche Charakter der Katze symbolisch dargestellt.

Auf der anderen Seite standen die Katzen unter der besonderen Obhut der germanischen Liebes- und Fruchtbarkeitsgöttin Freyja, an die heute noch unser Frei-Tag erinnert.

Nach der Schilderung in der mittelalterlichen Edda benützt Freyja einen goldenen, fliegenden Wagen, der von zwei Katzen gezogen wird. Spuren davon sind noch in der Sage von der Sibyllenfahrt (siehe Seite 22) zu finden.

Man hat diese beiden Katzen der Göttin ganz verschieden gedeutet: Man sah in ihnen ein männliches und ein weibliches Tier. Ohne die beiden Geschlechter kann es schließlich keine Liebe und kein Leben geben. Manchmal wurden sie auch als hell und dunkel beschrieben, wie die Nächte, die durch das Licht des Mondes einmal hell, dann wieder dunkel sind.

Um sich den Schutz und Segen der Fruchtbarkeitsgöttin zu sichern, stellten Bauern oftmals ein Schälchen Milch für die Katzen in die Kornfelder.

Schon in der Edda, der germanischen Mythensammlung, wird das Töten einer Katze mit einem Blutgeld bestraft. Howel der Gute, König von Wales, erließ 936 ein Gesetz (den „Gwentian-Code"), in dem das Töten einer Katze folgendermaßen geahndet wurde. Die tote Katze wurde am Schwanz so aufgehängt, dass ihre Schnauze gerade die Erde berührte. Dann wurde sie so lange mit Weizen überschüttet, bis nichts mehr von ihr zu sehen war. Diesen Weizen bekam der Besitzer der Katze, denn wenn die Katze noch leben würde, hätte sie soviel Weizen vor der Fresslust der Nagetiere geschützt. War kein Weizen vorhanden, so musste derjenige, der die Katze getötet hatte, ein ungeschorenes Schaf samt einem Lamm als Buße hergeben. Dieses Gesetz hatte im Volksglauben noch lange Bestand. Wenn ein Bauer eine Katze quälte oder tötete, hatte er Unglück und verursachte Todesfälle unter den Haustieren. Der Volksmund sagt: „Wer die Katze ins Wasser trägt, der trägt sein Glück aus dem Hause." Und noch bis zum Jahre 1780 ist für den Kanton Zürich eine Buße für eine verletzte oder getötete Katze gerichtlich festgesetzt worden – das sogenannte „Katzenrecht". Dies bezeugt, wie hoch die Ehrschätzung für Katzen war, und wie groß die Scheu vor diesem „unheimlichen" Haustier.

Im Zuge der Christianisierung wurden die germanischen Götter und ihre heiligen Tiere verteufelt, und Katzen galten als Vorboten alles Unchristlichen und Bösen. Im späten Mittelalter verfestigte sich das negative Bild von der Katze als Begleittier oder Verkörperung der Hexe.

In den Geschichten um die Göttin Freyja finden wir viele Merkmale des späteren Hexenwesens wieder.

Auch von den „weisen Frauen" des Mittelalters wird berichtet, dass sie das Wetter fast nach Gutdünken zu „kochen" verstanden. Auch die Kunst des „Fliegens" beherrschten sie. Man war davon überzeugt, Katzen seien „ein Vehikel bei zauberischen Zeremonien". Die „weisen Frauen" glaubten, dass dank der Hilfe von Katzen eine Verbindung mit den Reichen von unsichtbaren Wesen möglich sei.

Wie die Katze erschaffen wurde, davon erzählen viele Legenden. Eine islamische sei beispielhaft erzählt:

In fernster Vergangenheit gab es eine gottlose Zivilisation, die zur Strafe für ihre Sünden von Gott durch eine Sintflut vernichtet werden sollte. Noah erhielt den Auftrag, auserwählte Menschen und Tiere in seiner Arche zu retten. Doch die Verschmutzung der Arche, als dann alle an Bord waren, stellte sich als Problem und eine große Gefahr heraus. Aus dem Unrat der zusammengepferchten Geschöpfe entstand nämlich ein scheußliches Nagetier – der Urahn unserer heutigen Mäuse und Ratten. Bald schon waren die Holzwände der Arche durch die Zähne der Nager gefährdet. Die bösen Mächte waren voll Schadenfreude, denn sie glaubten, dass die Arche schon bald untergehen würde und mit ihr auch die wenigen gerechten Menschen und Tiere darin. Dies würde das traurige Ende der ganzen Schöpfung Gottes bedeuten.

Der Löwe wäre gerne bereit gewesen, den Kampf mit den kleinen Nagern aufzunehmen, doch er war viel zu groß. Er konnte den Nagern nicht in die kleinen Ritzen und Zwischenräume folgen, wo sie ihr zerstörerisches Werk betrieben. Da ließ Gott den Löwen heftig Niesen und bei diesem Niesen sprang die erste Katze der Welt aus der Nase des Löwen. Sie erwies sich als unermüdlich im Kampf gegen die Nager und rettete so die Arche und all die Lebewesen darauf vor dem Versinken in den Fluten.

Nach einer irischen Legende dagegen soll der Teufel die Maus geschaffen haben, der Erzengel Michael aber die Katze, um die Maus zu töten. Von dieser alten Feindschaft zwischen Maus und Katze berichten viele Märchen und Fabeln (siehe Seite 156, 157f).

Die Katze im Holunderbaum

An einem heißen Wochentag saßen nachmittags einmal drei bäuerliche Weiber unter einem Holunderbaum und zogen über Leute her. Da sagte die erste von den Frauen: „Es ist eine regelrechte Schweinerei, wie es auf der Alm oben zugeht. Da wird getrunken und gefressen, der Lustbarkeit nachgegangen und getanzt, und wenn es Nacht wird, steigen sie auf das Heu hinauf, um dort herumzuspringen. Kein Wunder, dass der Teufel selbst einmal gekommen ist und mit seinem Bockfuß gar nicht mehr gehen wollte."
Die anderen zwei Weiber gaben der ersten Recht, und dann wurde es mäuschenstill. Es hatte den Anschein, als wollten alle drei Frauen ein wenig nachdenken.
Wie es da so schön still war, fuhr ein zarter Wind durch den Holunderbaum, und eine Katze, die auf einem Ast oben saß, fing an zu reden: „Weib, sei nur still. Als du jung gewesen bist, bist du auch auf die Alm hinaufgestiegen und hast getanzt, getrunken und Lärm gemacht. Und nun, da du alt wirst, möchtest du nichts mehr von dem wissen und nur noch über die Jungen herziehen."
Eine von den Frauen aber verstand genau, was die Katze auf dem Holunderbaum gesagt hatte. Den anderen beiden hingegen kam es nur vor, als wäre ein leichter Wind durch den Baum gezogen.
Es verging einige Zeit, da fing das zweite Weib an zu reden: „Im Grunde ist es eine Viecherei, wie es die Leute heutzutage treiben. Am Markt habe ich eine gesehen, die hat faule Kastanien unter die guten gegeben, und zwischen die frischen Eier hat sie einige alte gelegt. Das hätte es in meiner Jugend nicht gegeben, das wäre uns zu schlecht gewesen. Und wenn die Sache aufkäme, ich wollte diese Schande nicht auf mir lasten lassen."

Die anderen zwei gaben ihr Recht. Alle drei begannen über die falschen Weiber heutzutage herzuziehen, und dann wurde es wieder still. Da kam abermals ein zarter Wind, und die Katze auf dem Holunderbaum fing wieder an zu reden: „Sei doch nicht so falsch, Weib, und gib dich nicht besser, als du bist. Faule Kastanien hast du auch schon unter die guten getan, und die Eier, die du als frisch hergegeben hast, sind auch nicht immer die besten gewesen. Schaue lieber auf dich selber und lass andere Leute in Ruh!"
Diesmal hatte die zweite von den Frauen die Stimme vernommen. Dagegen kam es den anderen bloß vor, als wäre ein zarter Wind durch den Holunderbaum gestrichen.
Es verging einige Zeit, da fingen die Frauen wieder an zu schwatzen. Diesmal war es die dritte von den Frauen, die recht böse über eine junge Nachbarin herzog: „Es ist ein regelrechter Graus, was sich einige junge Bäuerinnen heutzutage erlauben. Mit einer Seelenruhe befehlen sie den Mägden, nach dem Feierabend noch einmal zu arbeiten anzufangen. Außerdem, die Milch wird nur noch entrahmt auf den Tisch gestellt, und in den Wein für die Nachmittagspause geben sie die Hälfte Wasser hinein. Schämen würde ich mich, und zu schlecht wären mir derlei Dinge sowieso."
Als sie fertig geschimpft hatte, kam wieder ein zarter Wind durch den Holunderbaum gefahren, und das Kätzlein auf dem Ast oben fing wiederum an zu reden: „Schäm dich, Weib, nur immer über die Nachbarinnen so loszuziehen und selbst um kein Haar besser zu sein. Ihr alle heißt die Mägde nach dem Feierabend noch einmal arbeiten, das ist schon längst bekannt. Auch ihr stellt alle nur entrahmte Milch auf den Tisch, und was das Wasser in dem Haustrunk anbelangt, da könnt ihr euch alle die Hand geben. Es wäre gut, du selbst würdest dich bessern, Bäuerin, und dann erst über andere Leute herfallen."

Die dritte von den Frauen verstand genau, was die Katze sagte; den anderen beiden kam es aber wiederum nur vor, als wäre ein zarter, leiser Wind durch den Holunderbaum gezogen.
Als die Sonne über dem Berggrat stand und bald untergehen wollte, fiel es den Weibern mit einemmal ein, es wäre gut, heimzugehen und zu kochen, da bald die Männer aus dem Wald heimkommen würden. Und dann wäre es allerdings ein Fehler, wenn nichts gerichtet wäre.
„Kommt, gehen wir", sagten sie alle drei zugleich, „und tun wir nicht wie die anderen im Dorf, die nicht gerne daheim sind und immer auswärts tratschen."
Da fuhr wieder ein zarter Windhauch durch den Holunderbaum, und das Kätzchen sagte: „Schämt euch, so schlecht zu sein. Nur ihr wollt den halben Tag mit Tratschen totschlagen. Die anderen Frauen im Dorf sind alle besser."
Diesmal verstanden alle drei Frauen, was die Katze gesagt hatte. Aber sie taten, als wäre nichts geschehen. Und so standen sie auf und wollten gehen.
Da sagte die erste zu den anderen: „Morgen käme ich lieber nicht mehr hierher unter den Holunderbaum. Es ist so warm da, und er gibt nur ganz wenig Schatten."
Damit war die zweite einverstanden und sie sagte: „Mir ist auch lieber, wir kommen morgen drüben beim Kirschbaum zusammen. Da unter dem Holunderbaum zieht immer ein Lüftchen, und mir tut der viele Luftzug nicht gut."
Und die dritte war auch einverstanden und meinte: „Die Alten haben immer gesagt, unter Holunderbäumen solle man überhaupt nicht sitzen. Auf Holunderbäumen säßen gerne die Hexen. Und diese tragen gerne weiter, was sie hören."
Und so gingen die Weiber endlich nach Hause. Keine aber sagte der anderen, was sie vom Kätzchen vernommen hatte. Und so glaubten sie alle drei, sie wären die besten Frauen im Dorf. Ihre eigenen Fehler jedoch haben sie nicht

erkannt, und von den anderen haben sie sie eben nicht gehört. Unter dem Holunderbaum wollten sie allerdings nie mehr zusammenkommen. Da hatten sie doch Angst, das Kätzchen könnte noch mehr wissen und es verraten.

In dem Märchen zeigt sich das Bild der vorchristlichen göttlichen Frau. Die sprechende Katze vertritt hier die gerechte und mahndende Gottheit.
Der Holunderbaum war der heilige Baum der Holle, in dem sie auch zu Gericht saß. Die Katzen waren die heiligen Tiere der Göttin, und oft nahm sie auch deren Gestalt an (siehe auch den nachfolgenden Text „Das Gericht der Tiere").
Die Göttin Freyja ist die jugendliche Erscheinung, die Frühlingsausprägung der Holle. Wie alle göttlichen Frauen, war Holle dreigestaltig. Im Frühling tritt sie als junge Frau auf und trägt die Farbe weiß (Freyja). Im Sommer tritt sie als reife Frau auf. Sie repräsentiert die Reife und trägt die Farbe rot (Wechsel von Freyja zu Holle). Im Herbst und Winter kommt sie als Alte (Hel). Sie repräsentiert den Tod und trägt die Farbe schwarz. Deshalb war der Holunderbaum auch der heilige Baum der Holle und trägt exakt ihre Farben, im Frühjahr die weiße Blüte, im Sommer die rote Frucht, die sich im Herbst und Winter schwarz verfärbt.

Das Gericht der Tiere

Es war einmal ein Mann, der hatte eine kleine Kate am Waldrand und einen Acker dabei. Aber er hatte nicht viel Glück im Leben; er war jemand, der zuviel über die Gerechtigkeit dieser Welt nachdachte, stritt sich mit groß und gering, mit Tieren und unirdischen Wesen sogar und wollte jedes Unrecht, das getan wurde, bis zum letzten verfolgen, ohne dass er dabei selbst das Recht seines Lebens gefunden hätte.

So kam es, dass er schließlich seine Hütte verlassen musste, da sein Weib von ihm ging. Einsam floh er in den Wald, wo er sich von der Jagd und Wurzelsuchen am Leben hielt, und am Ende sogar die Wanderer überfiel. Er meinte, dass alles Leben schlecht sei, und dass er sich an allen rächen müsse. Niemand ließ ihn bisher dafür büßen. Vor den Häschern verbarg er sich, die Unirdischen des Waldes lachten, wenn die Menschen sich untereinander Böses antaten, und die Tiere wagten nicht, ihn zu verfolgen. Er war noch zu stark für sie und ihnen an Kräften über. Endlich, als sein Haar schon ergraut war, wurde er siech und schwach. Da glaubten die Tiere ihre Zeit gekommen, luden ihn vor ihr Gericht, und der Mann musste dem folgen.

Es gibt, das wisst ihr wohl, in jedem Frühling und in jedem Herbst und in jedem Wald und Hain Gerichtstage der Tiere, an denen neun von ihnen sich versammeln, um die Klagen von groß und klein anzuhören. Das war auch in dem wilden Dickicht der Fall, in dem der vertriebene Mann hauste. Unter eine weit ausladende Buche luden die Herren ihn – Hund und Hase, Specht und Rehbock, Dachs und Igel, Molch und Eidechse – wie sie gewählt waren.

Nun wollte sich an jenem Tag auch Frau Holles schwarze Katze, die als neunte zu den Geschworenen gehörte, rechtzeitig in den Wald begeben. Ihre Herrin sah, dass sie sich putzte, und fragte, wohin sie wolle. Da sagte sie es ihr. Die schöne Frau Holle aber wurde begierig, solches Gericht einmal anzuhören. Die weise Frau ließ sich den Pelz ihrer Katze geben, tat ihn um und ging selbst an deren statt.

Als nun die Stunde gekommen war und die Gerichtsboten die Schellen geläutet hatten, wurde als erster der Fuchs aufgerufen, gegen den viele Klagen erhoben waren. Aber Reineke wusste sich gut zu verteidigen. Sein Beruf zwänge ihn zu manchen Dingen, sagte er, die ihm selbst unlieb seien. Solle er indes Weib und Kind hungern lassen? Und er fragte die Zeugen so verwirrend, dass sie unsicher wurden und die Tiere ihn wieder einmal laufen lassen mussten.

Danach kam der kranke Mann, von dem ich erzählt habe. Auf den waren die Richter besonders zornig. Er hatte ihnen Jahre hindurch viel Böses getan, und ebenso leid war es ihnen um die Menschen, die er verfolgt hatte. Sie hielten ihm deshalb alles vor, was er ihnen zugefügt hatte.

Der Mann aber, das sagte ich schon, war ein Rechthaber, der sich nicht anklagen ließ, ohne selbst zu klagen.

Und er rief mit lauter Stimme den Rehbock an: „Warst du es nicht", fragte er, „der mir mein junges Korn abweidete, so dass ich kaum genug zur neuen Einsaat erntete? Wie willst du über mich richten? Ach, so sanftmütig du tust, du hast schuld, dass ich so geworden bin!"

„Und du", sagte er zum Dachs, „hast du nicht mein Feld unterwühlt, dass mein Kohl vertrocknete und gelb auf der Erde lag?"

„Und du", fuhr er den Hasen an, „hast du nicht Kraut und Saat abgeäst, so dass wir hungerten und mein Weib mich verließ? Schlecht seid ihr alle, keiner hat mir je Gutes getan. Was wundert ihr euch, dass ich so mit euch umging, wie ihr mit mir? Ist es nicht das gleiche, den Nächsten mit offener Gewalt zu berauben, wie ihn so arm zu machen, dass er vor Hunger in Verzweiflung fällt?"

„Jedermann hat Schlimmes und Gutes erfahren", mahnte Frau Holle in Gestalt ihrer schwarzen Katze. „Du hast auch Gutes erfahren, Fremder, aber es ist die Art der Menschen, das zu vergessen."

Was er je Gutes erfahren habe, wollte der Mann wissen.

„Hast du nie gesehen, wie grün die Bäume wachsen und wie fröhlich der Wind durch den Morgen braust?"

Nein, der Grimmige wusste nichts davon, er hatte Tag und Nacht über sein Recht gegrübelt und geklagt.

„Hast du nie den Schall der Vögel gehört?" fragte es aus den Zweigen. „Ist das nicht das Schönste, was den Menschen geschenkt ist?"

Nein, der Mann hatte keine Zeit gehabt, darauf zu lauschen. Er hatte an seine Vergeltung gedacht, da war sein Weib von ihm gegangen.

„Hast du niemals das Frauenspiel auf den Wiesen gesehen?" horchte die, welche im Kleid der Katze verborgen war.

„Ach", sagte der Mann, „in einer Nacht habe ich Frau Holle wohl vorbeifahren sehen, aber sie achtete meiner nicht, so elend und armselig schien ich ihr."

Als der Mensch mit dem ungeschnittenen Bart und dem verfallenen Antlitz so müde seines Lebens vor ihnen stand, als er immer noch haderte, dass Gottes Wille ungerecht sei und nichts von dem schönen Wesen der Frühe und Späte spürte, da wäre beinahe das Mitleid über die Tiere gekommen. Aber sie dachten auch an alles Unheil, das er verübt hatte, und sahen einander an, um zu einem Spruch zu gelangen.

Nun war Frau Holle durch den Sinn gegangen, dass sie wirklich einmal an jenem wilden Gesicht vorübergefahren war, und es reute sie, dass sie des Menschen Einsamkeit nicht gelindert hatte, wie es ihr gütiger Auftrag von Gott ist. Sie warf deshalb das Kleid der Katze ab und trat auf den Verlassenen zu. Und ehe jemand Einspruch erheben konn-

te, strich sie ihm über die Stirn: „So schenke ich dir, bevor du den letzten Spruch zu erdulden hast, ein anderes Leben. Vielleicht, dass du es besser zu wandeln vermagst."
Sie lächelte, während der Mann betäubt vor ihr niederfiel, in sein Herz hinein, um ihm Freude mitzugeben, von jener Freude, die wohl vergessen war, als er seiner Mutter Schoß verließ.
Und wo eben noch der kranke Mann gehadert hatte, stand ein Knabe, der verwundert um sich blickte, nichts von dem wusste, was hinter ihm lag, und nur mit Erstaunen auf die Tiere schaute, die ihm zunickten – ein Knabe, dessen Blick mit dem letzten Licht der Verwandlung noch Frau Holles Lächeln fing, das ihn fröhlich zu neuem Suchen und zu den Wegen mitleidiger Menschen heimschickte.

Das Gold der Waldfrau

Es lebte einmal ein armer Bauer mit Namen Andres. Er hatte für seine Frau und das Dutzend Kinder oft nicht genug zu essen. Doch hatte er ein so gutes Herz, dass er niemals einem Bettler ein Almosen versagte. So geschah es, dass Andres bald in höchste Schulden geriet. Seine Gläubiger gaben nichts auf sein gutes Herz und vertrieben ihn von Haus und Hof.

Da saß er nun mit Frau und Kindern ohne Heimat und Obdach auf einem Baumstamm am Rande des Waldes und überdachte sein Missgeschick. Während er noch mit seiner Frau beratschlagte, in welchem Dorf sie eine Nachtherberge suchen sollten, rauschte es auf einmal ganz seltsam im Wald. Plötzlich stand eine kleine, hässliche und uralte Frau vor ihnen und streckte die Hand nach einem Almosen aus.

„Ach, wir sind selber arme Leute", erwiderte die Frau des Andres. „Setzt Euren Stab weiter, gute Alte!"

Andres aber zog sein Beutelchen hervor, in dem seine letzten drei Kreuzer waren. Einen Kreuzer davon gab er der Alten. Als seine Frau ihm deshalb Vorhaltungen zu machen begann, sagte er: „Gib dich zufrieden, Frau! Es bleibt uns ja noch genug, um den Kindern das Brot zu kaufen. Für morgen lass den im Himmel Sorge tragen!"

Die Bettlerin entfernte sich, nicht ohne zuvor freundlich gedankt und dem Andres und seiner Familie Gottes Segen gewünscht zu haben.

Als nun Andres mit den Seinigen durch den Wald ging, da gerieten sie in ein Dickicht. Alles Rufen, Schreien und Weinen der Kinder war vergeblich. Während der Vater den Kindern Mut und Trost zusprach, waren bereits an den Wipfeln der Bäume die letzten Sonnenstrahlen verschwunden, und eine schwarze, sternenlose Nacht brach herein. Die Kinder klammerten sich voller Angst an ihre Eltern. Die Mutter

weinte, der Vater betete. Da funkelten auf einmal zwei große grüne Sterne durchs Gebüsch, und als Andres näher trat, sah er eine große schwarze Katze, die schmeichelnd an ihm aufsprang, so, als wollte sie ihm bedeuten, ihr zu folgen. Und als die Familie hinter der Katze herging, kamen sie bald vor ein kleines Haus, das mitten im Wald stand. Plötzlich ging die Tür auf, und heraus trat eine schöne Frau, die mit glockenheller Stimme die Verirrten willkommen hieß: „Kommt nur herein mit euren Kindern, ihr guten Leute, und lasst's euch wohlsein bis morgen früh!"
So sprach sie und führte Andres und die Seinigen in eine kleine warme Stube. Darin war ein Gesurre und Geschnurre, dass man sein eigenes Wort nicht mehr hörte. Wie erstaunt waren die Leute, als sie sahen, dass da über hundert Katzen auf Kissen, Teppichen und Stühlen lagerten und die Gäste mit klugen Augen betrachteten.
„Habt keine Angst", sprach die weise Frau, „dies sind meine Hausgenossen, die keinem Menschen etwas zuleide tun." Hierauf rief sie, halb singend:

„Pieschen, Mieschen / Lüpf dein Füßchen!
Mäunzchen, Käuzchen / Putz dein Schnäuzchen!
Sammetpfötchen / Goldenrötchen,
Braungeflecktes / Weißgeschecktes,
Tigerpelzchen / Streck dein Hälschen!
Hellauf / Lass schnurren dein Spinnrädelein!
Ihr Schätzlein und Kätzlein zuhauf!"

Da sprangen all die Katzen von den Stühlen, Kissen und Teppichen, umtanzten ihre Herrin mit tollen Sprüngen, kletterten an ihr empor und leckten ihr Wangen und Hände, so dass die Kinder laut auflachen mussten, und die Eltern für eine Weile ihre Sorgen und ihr Leid vergaßen.
Hierauf brachte die weise Frau ihren Gästen eine kräftige Nachtsuppe und bereitete ihnen ein Bett. Dort ruhten sie alle prächtig und hatten schöne, wundersame Träume. Am folgenden Morgen, als die Zeit kam, Abschied zu nehmen,

sprach die weise Frau: „Geht nur immer geradeaus! In einer halben Stunde werdet ihr Waldweiler erreicht haben. Damit ihr aber das Ziel nicht abermals verfehlt, soll euch eine meiner Katzen als Wegweiserin das Geleit geben. Vielleicht kann sie euch auch sonst noch zu Diensten sein; wenn nicht, so behaltet sie zur Erinnerung an eure Wirtin im Wald bei euch."

Andres, seine Frau und die Kinder konnten der guten Frau gar nicht genug danken. Frohgemut machten sie sich auf den Weg. Lustig hüpfte die Katze voraus. Ab und zu schaute sie zurück, um zu sehen, ob die guten Leute ihr auch nachfolgen konnten. Als sie nun das Ende des Waldes erreicht hatten, lag im schönsten Sonnenglanz das Dorf vor ihnen. Aber ach, plötzlich streckte die Katze alle viere von sich und fiel tot zusammen.

Bekümmert beugte sich der Vater zu dem Tier nieder und hob es an den Vorderbeinen hoch, um zu sehen, was ihm fehle. Aber da war gar keine Katze mehr, es war ein großer Pelzbeutel, aus welchem Gold- und Silberstücke hervorkullerten. Es waren so viele, dass der ganze Boden im Nu damit bedeckt war. Jauchzend sprangen die Kinder den rollenden Talern nach, füllten Mützen und Schürzen damit, und die Eltern riefen voller Freude: „Das hat die Waldfrau getan! Gesegnet sei die Waldfrau!"

So war der arme Andres auf einmal ein begüterter Mann geworden. Die Hälfte seines Schatzes verteilte er unter die Armen. Von der anderen Hälfte kaufte er sich in Waldweiler ein schönes Haus mit Stallung, Wiesen und Äckern. Noch viele Jahre lebte er vergnügt mit den Seinigen, die an keinem Abend vergaßen, die gute weise Frau vom Walde in ihr Gebet einzuschließen.

Auch in dieser Waldfrau spiegelt sich die göttliche Frau, die auch immer Herrin des Waldes war. Hier wird die Selbstlosigkeit des verarmten Bauern belohnt.

Sibyllenfahrt

Schon in grauer Vorzeit befand sich auf dem Teckberg, nahe Kirchheim auf der Schwäbischen Alb, ein Heiligtum der Germanen. Nächtliche Opferfeuer flammten zum Himmel empor, Priesterinnen flehten dort die Gottheiten um Schutz und Segen an.
Noch heute ist unter einem mächtigen Felsen des Teckberges eine Höhle zu sehen, die ringsum im Land das Sibyllenloch genannt wird. In dieser Höhle soll bis zum heutigen Tag ein unermesslich reicher Schatz verborgen sein. Wie der dort hineingelangte? Dies verrät die folgende Sage:
In uralten Zeiten wohnte tief drinnen im Berg eine wunderbare und weise Frau – die Sibylle. Die Höhle war lediglich der Eingang zu ihrem unterirdischen Schloss, das wohl schöner und prächtiger gewesen war als der Palast eines Königs. Denn unermesslich reich war die Sibylle an Silber, Gold und Edelsteinen. Weil sie aber nicht nur reich war, sondern auch ein gutes Herz hatte, so hatten ihr die Götter Zaubermacht und die Gabe der Weissagung geschenkt. Sie wusste um alle Dinge und sah die Zukunft voraus. Oft fuhr sie in ihrem goldenen Wagen, der von zwei großen Katzen gezogen wurde, zu den Menschen ins Tal hinab und tat Gutes wo sie nur konnte. Allen, die sie um Rat baten, half sie in der Bedrängnis und kein Armer, der sich in seiner Not an sie wandte, machte sich vergeblich auf den steilen Weg zu ihr.
Nun hatte die Sibylle jedoch drei Söhne, die leider nicht von der Art ihrer Mutter waren und ihr viel Kummer und Verdruss bereiteten. Richtige Tunichtgute und Bösewichter waren das geworden, und weil sie im unterirdischen Schloss ihrer Mutter in stetem Streit und Unfrieden lebten, erbaute sich jeder seine eigene Burg nahe der Teck, kaum dass sie erwachsen geworden waren. Dort lebten sie je-

doch nicht in Frieden. Vielmehr unternahm nun jeder von seinem Felsennest aus seine Räubereien. Sie stahlen den Bauern das Vieh von der Weide, überfielen Kaufmannszüge, plagten die Menschen im Land ringsumher und verbreiteten überall, wo sie sich blicken ließen, Angst und Schrecken. Am schlimmsten von den Dreien trieb es der jüngste, der auch seine Brüder und sogar die eigene Mutter bestahl. Von ihr erhielt er deshalb den Beinamen ´der Rauber`. Und dieser Beinamen ist seiner Burg, von der heute nur noch wenige Mauerreste stehen, bis auf den heutigen Tag geblieben.
Aus lauter Kummer und Verdruss über die Untaten und die Feindschaft ihrer Söhne, beschloss die Sibylle eines Tages, ihr Schloss im Berg und das Ländchen an der Teck zu verlassen. Eines Abends stieg sie in ihren goldenen Katzenwagen, fuhr den steilen Teckberg hinab, durchquerte das Flüsschen Lauter und dann ging's hinauf durch die Weinberge bis zum Saum des Waldes. Dort erhob sie sich mit

ihrem Wagen in die Lüfte, umweht von ihrem langen roten Haar, und sie flog hinweg über Berge und Täler, Felder und Wälder.
Hier verliert sich ihre Spur, niemand weiß wohin sie gegangen, wo sie geblieben ist. Ihre Schätze aber – Silber, Gold und Edelsteine – die hat sie damals, tief verborgen im Berg, zurückgelassen und dort sollen sie seither von einem großen schwarzen Pudel bewacht werden. Zwar haben schon viele Menschen im Laufe der Jahrhunderte versucht, den Schatz zu heben, doch das ist bisher noch keinem gelungen.
Alljährlich aber, wenn die Frucht zu reifen beginnt, kann man eine Stunde weit den Teckberg hinab und dann weiter die Weinberge hinauf bis zum Götzenwald den Weg sehen, den sie einst gefahren ist. Überall dort nämlich, wo der Wagen der Sibylle und ihre Zugtiere, die Katzen, die Erde berührt haben, ist deutlich ihre Spur zu sehen. Die Wiesen sind dort üppiger grün, das Korn trägt größere und goldenere Ähren, und das Brot, das daraus gebacken wird, schmeckt besser als alles andere Brot der Welt. Dies ist der letzte Segen, den die gute Sibylle den Menschen drunten im Tal hinterlassen hat. Die Spur ihres Wagens nennt man heute noch die ´Sibyllenfahrt`.

Die weiße Katze

Es war einmal ein König, der hatte drei Söhne. Der Jüngste war zwar missgestaltet, doch er war der Klügste. Deshalb wollten seine Brüder stets dessen Verderben. Eines Tages sprach der alte Vater zu seinen Söhnen: „Derjenige, der mir das schönste Stück Leinen bringt, der soll alles erben, was ich besitze."

Da machten sich die Söhne auf den Weg, um das Leinen zu beschaffen. Die beiden älteren Brüder wollten den jüngsten aber nicht in ihrer Mitte haben, denn sie schämten sich seiner. Sie taten alles, um ihn loszuwerden und verspotteten ihn wegen seiner Missgestalt. Da ging er allein seines Weges.

Als die Nacht hereinbrach, befand er sich in einem Wald. Er stieg auf eine Eiche, um Ausschau zu halten. Mitten im Wald sah er ein Licht. Er ging in die Richtung, aus der der Lichtschein kam und gelangte zu einem freundlichen kleinen Haus. Er trat ein und sah, dass der Tisch mit erlesenen Speisen und gutem Wein gedeckt war. Als er rief, ob jemand zu Hause sei, stand auf einmal eine weiße Katze vor ihm, die sprach: „Wohin des Weges, junger Mann?"

„Ach, schöne weiße Katze, wenn ich es dir auch erzähle, so kannst du mir doch nicht aus der Verlegenheit helfen."

Als er nun gespeist hatte und ein schönes Feuer im Kamin prasselte, fragte ihn die weiße Katze, welchen Kummer er denn hätte. Da sprach er zu ihr: „Unser Vater hat meine Brüder und mich ausgeschickt, um ihm das schönste Stück Leinen zu bringen, das wir finden können."

Da sagte die schöne weiße Katze: „Schneide die Spitze von meinem Schwanz ab und wirf sie in das Feuer. Dann wirst du haben, was du brauchst."

Verwundert tat er, wie ihm geheißen und erhielt auf diese Weise ein Stück Leinwand, wie es sonst keines gab auf der

Welt. Die schöne weiße Katze aber war verschwunden.
Als er am andern Tag ins Schloss seines Vaters ging und die Leinwand vorzeigte, da war er es, der die schönste mitgebracht hatte. Die Brüder waren nicht nur neidisch auf ihn, nein, sie gerieten in großen Zorn und sprachen zueinander: „Dieser Schurke! Es darf nicht sein, dass er der Erbe unseres Vaters wird!"
Da sagte der Vater: „Jetzt brauche ich noch Seide, die schönste und feinste, die es gibt. Wer sie mir bringt, der soll alles erben, was ich besitze."
Diesmal war es der jüngste selbst, der nicht mit seinen Brüdern reisen wollte. Er sprach bei sich: „Ich werde nochmals zur schönen weißen Katze gehen."
Er kam wieder zu dem freundlichen Haus und fand dort alles wie beim ersten Male. Der Tisch war schon gedeckt. Die weiße Katze erschien und sprach: „Da bist du ja wieder, junger Mann."
„Ach", sagte der Jüngling", wie wäre ich glücklich, wenn du mir nochmals helfen könntest."
„Iss zuerst einmal. Und danach wirst du alles bekommen, was du brauchst, wenn du meine Worte befolgst."
„Dieses Mal", sagte der Jüngling, nachdem er gespeist hatte, „brauche ich die schönste und feinste Seide, die es gibt. Wo und wie soll ich sie finden?"
Die schöne weiße Katze sprach: „Schneide mir beide Ohren ab und wirf sie ins Feuer! Dann wirst du bekommen, was du brauchst."
Da sprach der Jüngling: „Ach, das bereitet mir großen Schmerz, dass ich dir, die du mir so viel geholfen hast, die Ohren abschneiden soll."
„Los, geh an die Arbeit und sorge dich nicht. Du wirst auch mir einen Dienst erweisen!"
Da tat der Jüngling, wie ihm geheißen. Er erhielt eine Seide, wie es sie kein zweites Mal gab, einen ganzen Ballen. Als er diese im Schloss seines Vaters vorwies, da

mussten alle eingestehen, dass er die schönste Seide mitgebracht hatte. Da sprach der älteste Bruder zum zweiten Mal: „Dieser kleine hässliche Schurke! Soll nun er der Erbe unseres Vaters sein? Wir sind verloren!“
Beim Abendessen rief der Vater alle drei Söhne zusammen und sprach: „Ihr wisst, dass ich Witwer bin. Ich will mich aufs Neue verheiraten. Zieht hinaus in die Welt. Und derjenige, der mir die schönste Frau bringt, soll alles erben, was ich besitze.“
Die beiden älteren Brüder aber sprachen: „Dieser kleine hässliche Schurke, wohin er nur immer geht, dass er uns jedes Mal überlegen ist? Lasst uns ihm folgen!“
Und so versuchten sie, dem Jüngsten zu folgen. Aber der war auf der Hut und misstraute ihnen. Es gelang ihm, seine Spuren zu verwischen.
Als er merkte, dass sie ihm nicht mehr folgen konnten, ging er geradewegs zu dem kleinen Haus im Wald. Er fand dort alles so, wie die beiden ersten Male. Als er gegessen und getrunken hatte, sprach die weiße Katze zu ihm: „Du hast wohl großen Kummer?“
„Ja, meine schöne weiße Katze. Ach, wenn du mir helfen könntest, wie glücklich wäre ich dann!“
„Sei getrost“, erwiderte die Katze, „alles, was du brauchst, ist hier in diesem Haus. Es wird dir an nichts fehlen.“
„Ach“, sprach der Jüngling, „nun hat uns unser Vater ausgeschickt, ihm die schönste Frau zu bringen, denn er will sich wieder verheiraten.“
Da sprach die weiße Katze zu ihm: „Mein Freund, töte mich und schneide mich in zwei Stücke! Dann verbrenne meinen Leichnam! Hier hast du ein Krüglein, in dem du meine Asche aufbewahren sollst. Nimm dieses Krüglein mit dir und grabe es im Schlossgarten ein. Wenn dein Vater die Frau, die du gefunden hast, sehen will, gehe in den Garten und grabe das Krüglein wieder aus. Es wird die schönste Frau, die man jemals gesehen hat, daraus hervorsteigen.“

„Ach, nie und nimmermehr kann ich dich töten! Ich bringe es nicht übers Herz!"
„Tue, was ich dir sage!"
Schweren Herzens gehorchte der Jüngling der weißen Katze. Er tötete sie, zerschnitt sie, verbrannte den Leichnam und füllte die Asche in das Krüglein. Dieses nahm er mit sich und grub es im Schlossgarten ein.
Als er das Schloss seines Vaters betrat, hatten die beiden älteren Brüder ihre Frauen dem Vater schon vorgestellt.
„Und du, wo ist die Frau, die du gefunden hast?" fragte der König.
Da ging der Jüngste hinaus in den Schlossgarten und grub das Krüglein aus. Diesem entstieg die allerschönste Jungfrau, die man sich nur vorstellen kann. Er führte sie vor seinen Vater. Da sprach dieser: „Euer jüngster Bruder hat euch alle übertroffen, meine Söhne. Er soll mein Erbe sein, denn er gewann die schönste Frau, die man je auf der Welt gesehen hat."
Da aber sprach der missgestaltete Jüngling: „Nein! Sie soll die meine werden, lieber Vater, denn viel hat sie für mich getan, als sie noch eine weiße Katze war."
Kaum hatte er diese Worte gesprochen, da verwandelte er sich in einen wunderschönen Jüngling. All seine Missgestaltigkeit fiel von ihm ab. Und die schöne Frau, die einst eine weiße Katze gewesen war und der schöne Jüngling lebten noch lange in Glück und in Frieden zusammen.
Übrigens, das Waldhaus, das stand hier ganz in der Nähe. Mein Großvater kam oft dort vorbei. Leider war darin der Tisch nicht mehr so schön gedeckt wie einst, als die junge Königin noch eine weiße Katze war. Und wenn ihr es nicht glaubt, dann lasst es eben bleiben.

Das Mädchen mit den weißen Kätzchen

Vor langer Zeit lebte einmal ein König, der hatte einen einzigen Sohn und eine wunderschöne Frau. Diese aber war ihm gestorben, als der Prinz noch ein kleiner Junge gewesen. Und weil der König seine Frau über die Maßen geliebt hatte, so fiel er in eine tiefe, tiefe Trauer, und er trauerte auch noch nach Jahresfrist, als die Hoftrauer schon vorüber war. Seine Ratgeber versuchten ihn zu bewegen, sich wieder zu verheiraten, doch der König war nicht bereit dem Reich wieder eine Königin zu geben. Viele edle Frauen kamen aus Nah und Fern, und alle wären sie gerne mit dem König vermählt worden. Aber sie alle mussten wieder davonziehen, gerade so wie sie gekommen waren.

Auch ein vollkommen verschleiertes Frauenzimmer, das über und über mit Perlen und Edelsteinen geschmückt war, hatte einen Korb bekommen. So musste auch sie wieder davonziehen wie all die anderen. Aber sie trug einen tiefen Groll mit nach Hause, spuckte Gift und Galle und verwünschte und verfluchte den König mitsamt seinem ganzen Hofstaat, denn sie war eine Hexe.

Als sie in ihrer finsteren Behausung anlangte, feuerte sie sogleich an und tat Kräuterwerk und Hexenkram in einen Kessel, sprach darüber grausige Zaubersprüche und fluchte derart, dass sich sogar das Feuer schließlich in einen Winkel verkroch.

Dann kam ein schlimmes Unwetter, und es begann zu hageln, zu rumpeln und zu rollen und am Ende zu schneien, und aus dem Königschloss wurde ein gewaltiger Felsen inmitten von Eis und Schnee.

Der König, der Prinz und alle Hofleute wurden zu Raben, die um den Felsen flogen und krächzten ohne Rast und Ruh. In dem Felsen aber, der einst das Schloss gewesen war, öffnete sich eine Höhle, aus der Wasser sprudelte, und das bedeckte die Gärten und alles Land ringsumher und fror zu Eis.

„So lange sollst du, der Prinz und dein ganzer Hofstaat verwunschen bleiben", rief das Hexenweib, „bis einmal eine Jungfrau mit einem Katzengespann den Mut finden wird, über das eisige Land zu fahren, in die Höhle zu gehen und den alten Raben zu küssen."

Nun hatte die alte Hexe eine Tochter, die ebenso böse wie dumm war, und so hat sie nie das Hexenhandwerk ihrer Mutter erlernt.

So kam es, dass sie keinen Zauberer oder Hexenmeister zum Mann bekam, sondern einen bettelarmen Holzknecht. Der war zuerst ganz gut und lieb mit ihr gewesen, aber es dauerte nicht lange, da wurde er grob, hatte es auch gleich mit dem Zuschlagen und es begann ein elendes Eheleben voller Streit und Hader von morgens bis abends.

Nur zu seinem Töchterchen, das ihm seine erste Frau hinterlassen hatte, war er immer gut. Umso liebloser und böser aber war die Hexentochter zu dem Kind. Wenn ihr Mann nicht daheim war, musste das arme Mädchen von früh bis spät die schwersten Arbeiten verrichten. Und nur die Furcht vor ihrem groben Mann hielt die Stiefmutter davon ab, das Kind in den Tod zu treiben.

Nun hatte gerade die Hauskatze in der armseligen Holzhackerhütte vier schneeweiße Kätzchen bekommen und hatte dabei ihr eigenes Leben gelassen. So zog nun das gutherzige Mädchen die vier Kätzchen auf, und die waren ihre ganze Freude. Da fiel es der boshaften Stiefmutter eines Tages ein, dem Kind zu befehlen, es solle in das Eis ein Loch hacken und die Kätzchen ertränken.

Weinend ging das Mädchen hinab zum Eis, in der einen Hand einen Sack mit den Kätzchen, in der anderen eine Hacke. Mit schwerem Herzen begann sie ein Loch ins Eis zu hacken. Aber als die Kätzchen im Sack maunzten und

miauten, wurde sie von einem solchen Schmerz erfasst, dass sie hinsank und in einen tiefen Schlummer fiel.
Mit einem Mal war ihr, als ob ihr jemand aus weiter Ferne zurief: „Steig ein, steig ein!"
Und als sie nun erwachte, stand vor ihr ein zierlicher goldener Schlitten, und die vier schneeweißen Kätzchen waren ihm vorgespannt.
Da streichelte und kraulte sie die Tierchen und stieg ein, und schon flog der Schlitten dahin über's blanke Eis, dem großen fernen Felsen zu und fuhr geradewegs in die Höhle hinein. Dunkel war es dort, ringsum nur rauer Fels, hie und da mit ein wenig Moos bewachsen. Ganz hinten in der Höhle aber, wo es am allerfinstersten war, da leuchteten zwei schwache Lichtlein.
„Was das wohl sein mag?" dachte das Mädchen, ging ohne sich zu fürchten, auf die Lichter zu und fand einen alten zerzausten Raben.
„Ach", sprach sie, „was bist du für ein armer, kranker Vogel."

Und sie hob das Tier auf und küsste es.
Im gleichen Augenblick gab es ein Donnern und Krachen, als ob der Felsen berste und die ganze Welt in Trümmer fiele – und sie stand mit einem Mal mitten in einem großen lichten Schlosssaal vor dem Thron eines Königs. Der lächelte dem Mädchen freundlich zu und sprach: „Du hast uns errettet! So sollst du auch die Braut meines Sohnes und die Königin unseres Reiches werden."
Nicht lange darauf wurde eine fröhliche Hochzeit gefeiert und an der Festtafel fehlte es weder an Gebratenem noch an Gesottenem.
Ich bin auch dabei gewesen und habe tüchtig mitgegessen. Dabei habe ich zu tief in eine Schüssel geschaut und bin

hineingefallen. Was dann noch geschah habe ich deshalb nicht mitbekommen, denn der Koch hielt mich für einen Fleischbrocken und hat mich einem Bettler geschenkt. Der hat mich in seinen Schnappsack gepackt und hierher gebracht, und so konnte ich euch heute die ganze Geschichte von dem Mädchen und ihren weißen Kätzchen erzählen.

Das Geschenk der Holle

Vor langer, langer Zeit ging einmal eine arme Frau in den winterlichen Wald, um für sich und ihre Kinder Ofenholz zu suchen. Da erblickte sie auf einem Baumstumpf ein kläglich wimmerndes Kätzchen, das flehend sein Pfötchen hob und herzerweichend maunzte. Obwohl die Frau oftmals nicht wusste, wie sie ihre eigenen Kinder satt bekommen sollte, brachte sie es nicht übers Herz, das kleine Kätzchen im Winterschnee zu lassen. So wickelte sie es in ihre wärmende Schürze und trug es sorgsam heim in ihre bescheidene Hütte.

Obwohl ihre Kinder vom Hunger gequält wurden, freuten sie sich sehr über den kleinen Gast. Sie teilten mit ihm ihre kärgliche Nahrung und bereiteten dem kleinen Kätzchen hinter dem Ofen ein warmes und bequemes Nest.

So wurde das Kätzchen gut gepflegt und erholte sich nach und nach. Für die notleidenden Menschen war das verspielte Geschöpf bald der allerbeste Trost. Darum waren Mutter und Kinder sehr traurig, als es eines Abends spurlos verschwunden war.

Doch als die arme Frau am nächsten Morgen wieder in den Wald ging um Holz zu suchen, erblickte sie an der Stelle, wo sie das Kätzchen gefunden hatte, eine vornehme weißgekleidete Frau.

Die Frau warf der Mutter einen weißen Wollknäuel in die Schürze. Dazu rief sie die Worte: „Das ist für die Katze!"

Die arme Frau vermochte gar nicht zu danken, so schnell war die weiße Gestalt verschwunden. Nachdenklich ging die Frau nach Hause. Das Geschenk legte sie am Abend auf den Küchentisch.

Groß war das Erstaunen am nächsten Morgen. In dem weißen Garn steckten Stricknadeln, die die ganze Nacht selber gearbeitet hatten. Neben dem Knäuel lag weiß und mollig, ein fertiges Paar Strümpfe. Jede Nacht wiederholte sich nun das gleiche Wunder, ohne dass der Knäuel kleiner wurde. Bald hatte die ganze Familie warme Füße. Sogar auf dem Markt konnten sie die wunderbar weichen und warmen Strümpfe verkaufen und kamen so zu einem bescheidenen Wohlstand.

So dankte Frau Holle die Freundlichkeit, die die arme Frau dem halb erfrorenen und hungrigen Kätzchen erwiesen hatte.

Die einäugige Katze

Es war einmal ein reicher Bauer, doch sein Geiz und seine Hartherzigkeit waren ebenso groß wie sein Reichtum. Auf seinem Hof diente ein armes Waisenmädchen. Obwohl es fast keinen Lohn bekam, musste es die schlimmste und härteste Arbeit verrichten. Dennoch hatte es sich immer sein gutes Herz bewahrt.

Eines Tages kam auf den Hof ein junges einäugiges Kätzchen, das halb verhungert war. Sogleich wollte der Bauer das Kätzchen mit einem Prügel totschlagen, doch dieses rettete sich ins Gebüsch. Als es am Abend hervorkam, nahm es das Mädchen auf den Arm und brachte es in ihre Kammer.

„Bleib nur hier, du armes Tier. Ich werde schon für dich sorgen", sprach es und bereitete der Katze aus Lumpen ein warmes Lager. Jeden Abend brachte das Mädchen nun dem Kätzchen von ihrer eigenen spärlich bemessenen Mahlzeit einen Teil.

Doch eines Tages entdeckte der Bauer, wie das Mädchen die Katze fütterte. Er fing an zu schreien: „Gleich gehst du mir aus dem Haus, du Hexe und nimmst dein Teufelstier mit, dem du mein Hab und Gut verfütterst."

Weinend schnürte das Mädchen ihr karges Bündel, die Katze jedoch war schon vorher verschwunden. Das Mädchen machte sich auf den Weg und wusste nicht, wohin es sich wenden sollte. Doch als es zu dem Kreuzweg kam, in dessen Mitte ein Holunderbaum stand, saß unter ihm die einäugige Katze.

„Ach, du armes Tier", sprach das Mädchen, „hast du hier auf mich gewartet? Wir werden schon miteinander eine Unterkunft finden."

Doch die Katze sprang vor dem Mädchen her, als wüsste sie genau, welchen Weg sie nehmen müsse. Als sie eine

Zeitlang gegangen waren, kamen sie zu einer Höhle, in die die Katze schnurstracks hineinlief und sich dabei vergewisserte, ob das Mädchen ihr auch folge.
Da sah das Mädchen ein Licht im Dunkeln. Es ging dem Lichtschein nach, und sah eine schöne hohe Frau, die eine silberne Krone trug.
Diese hob die Katze auf den Arm, liebkoste sie und sprach zu dem Mädchen: „Du warst barmherzig zu meinem Liebling, hast ihm von deinem eigenen Brot gegeben und hast um seinetwillen auch viel Unrecht erdulden müssen. Wisse, ich sende meine einäugige Katze oft zu den Menschen, um ihre Herzen zu prüfen. Wer sie quält, wird Unglück haben, wer sie aber aufnimmt und gut zu ihr ist, der wird von mir belohnt werden, denn wisse, ich bin die Frau Holle."

Drei Tage blieb das Mädchen in der Behausung der Frau Holle. Danach gab diese dem Mädchen einen Beutel und sprach: „Gehe wieder zurück zu den Menschen. Mache Halt unter dem Holunderbaum, unter dem meine einäugige Katze auf dich gewartet hat. Dort schau in den Beutel. Was du darin findest, soll dein Lohn sein. Dann schau nach dem Hof des reichen hartherzigen und geizigen Bauern, du wirst sehen, was sein Lohn ist."
Nachdem das Mädchen von der Frau Holle und der Katze Abschied genommen hatte, wanderte es zurück und gelangte alsbald zu dem Holunderbaum. Es öffnete den Beutel, da war dieser gefüllt mit Gold, Silber und Edelsteinen. Dann schaute es nach dem Hof des Bauern. Da sah das Mädchen, wie eine große schwarze Wolke sich über dem Hof zusammenballte. Es ertönte ein Donner, ein Blitz fuhr herab und schlug in das Gehöft, das im Augenblick in Flammen stand. So verlor der hartherzige Bauer sein Hab und Gut, und er musste von nun an als Bettler sein Leben fristen.
Das Mädchen aber ist eine reiche Gutsfrau geworden. Kein Armer ging ungetröstet von ihrer Türe, und selbst dem Bauern, der nun oft als Bettler zu ihr kam, schenkte sie Brot und Almosen. Die Frau Holle hat sie nie mehr gesehen, aber deren Segen ruhte Zeit ihres Lebens auf ihr. In den Nächten der Sommer- und Wintersonnwende war es ihr oft, als würde sie die einäugige Katze durch ihren Garten und ihre Felder gehen sehen.

Nach dem Volksglauben in der Lausitz hat Frau Holle immer eine einäugige Katze bei sich. Wer dieses Tier quält wird Unglück haben, wer es tötet wird einen schlimmen Tod erleiden. Wer sie aber bei sich aufnimmt, wird Glück haben.

II. Die magische Katze

Die Katze war sowohl das besondere Tier der Liebes- und Fruchtbarkeitsgöttin, stand aber auch der Göttin der Unterwelt nahe. Durch diese Nähe zu den Lebens- wie den Totengöttinnen, hatte die Katze schon seit alters her eine besondere Bedeutung für magische Rituale; wenn es also etwa darum ging, durch zauberische Handlungen den Gang der Wirklichkeit zu beeinflussen, die Zukunft vorherzusagen oder Macht über die Geisterwelt zu erlangen.
Durch die Christianisierung und dem daraus resultierenden mittelalterlichen Hexenwahn, der eine enge Verbindung zwischen Hexen und Katzen predigte, nahm dieser Aberglaube zeitweise bizarre Formen an und äußerte sich in uns heute manchmal barbarisch erscheinenden Bräuchen und Rezepturen.
Vor allem die vollkommen schwarzen Katzen, an denen sich kein einziges weißes Haar finden durfte, wurden den dunklen Mächten, dem Teufel und den Hexen zugeordnet und zu zauberischen Ritualen verwendet.
So war man der Ansicht, man könne sich unsichtbar machen und sei kugelfest, wenn man das Herz einer schwarzen Katze bei sich trägt, das in der Milch einer schwarzen Kuh gekocht wurde. Dieselbe Wirkung, so wird berichtet, könne man mit einem Däumling erzielen, der aus dem Ohr einer vollkommen schwarzen Katze gemacht wurde.
Falls man auf seinem Wege eine tote schwarze Katze fand, bedeutete dies – wie auch heute oft noch – dass man Unglück zu erwarten hat. Durch einen einfachen Kniff konnte dieses Unglück jedoch in sein Gegenteil verkehrt

werden. Nahm man nämlich diese tote Katze, warf sie rückwärts über die linke Schulter und setzte dann seinen Weg nach rechts hin fort, so konnte man sicher sein, dass einen dort Glück erwartete.
Wer Herrschaft über die Geisterwelt erlangen wollte, schnitzte sich an Karfreitag, um Mitternacht auf einem Kreuzweg, aus dem Knochen einer schwarzen Katze eine kleine Pfeife. Damit, so glaubte man, könnten die Geister herbeigerufen und ihnen Befehle erteilt werden. Wenn man dagegen unliebsamen Gespensterspuk bannen wollte, wurde einem geraten, um Mitternacht ein Katzenherz auf einem Kreuzweg zu vergraben.
Ein sicheres Mittel, so wird berichtet, um zwischen Menschen Zwietracht und Streit auszulösen, ist es, ihnen einige Katzenhaare in das Essen oder ins Getränk zu tun.
Bekannt ist der Brauch, dass im Mittelalter beim Errichten eines größeren Gebäudes, dem Rathaus, einer Kirche oder Kathedrale, eine lebende Katze in den Grundstein mit eingemauert wurde. So wie sie starb, sollten die bösen Geister zugrunde gehen und dem Gebäude nichts mehr anhaben können. Wollte man allerdings, dass jemand anderem ein Unheil geschähe, so vergrub man eine tote Katze unter dessen Türschwelle. Ein für uns heute ähnlich unverständlicher Brauch war es, dass der Obstbauer, wenn ihm das reife Obst vom Baum gestohlen wurde, eine lebende Katze unter dem geplünderten Obstbaum vergrub. Damit bekam er zwar sein Obst nicht zurück, er konnte sich aber gewiss sein, dass der Dieb unter den gleichen Qualen starb, wie die Katze unter dem Baum.
Verdächtig waren ganz allgemein alte Katzen, denn sie verwandeln sich gerne in Hexen oder aber Hexen benützen

ihre Gestalt, um des Nachts umherzustreifen und ihre Hexenkunst unerkannt auszuüben. Die Hexen bevorzugen dabei graue oder schwarze Katzen, die meist einen längeren Schwanz haben als die üblichen Katzen. Was man diesen Katzen antut, zeigt sich am nächsten Tag dann am Körper der Hexe. Schlägt man solch einer Katze etwa eine Pfote ab, kann es sein, dass man statt der Pfote plötzlich eine menschliche Hand sieht. Ein gutes Mittel sich gegen solche Hexenkatzen zu schützen ist es, ihnen den hochgehaltenen Daumen entgegenzustrecken.
Von den Hexen hieß es auch, sie lebten zäher und länger als gewöhnliche Menschen, „ganz als hätten sie wie ihre Katzen sieben (oder neun) Leben".
Begännen sie aber an Körper und Seele schwächlich zu werden, verwandeln sie sich in Katzen. Umgekehrt sei es ebenso: Wenn eine alte Katze von einer Familie wie eine treue Hausfreundin gehalten werde, gelange sie mit den Jahren zu einer fast menschlichen Klugheit und werde in ihrem nachfolgenden Dasein eine weise Frau, eine Hexe oder Zauberin.
Die Verehrer uralter Hexentraditionen glaubten, man erhalte eine besonders enge Beziehung zu einer Katze, wenn man mit ihr „Blutsschwesterschaft" schließt. Dies erreicht man, indem der neu erworbenen jungen Katze einige Tropfen des eigenen Blutes unter die Nahrung gemischt wird. Geschieht dies bei der richtigen Mond- und Sternenkonstellation, soll dadurch das Band zwischen beiden Geschöpfen besonders stark werden. In der Katze entsteht angeblich ein geradezu menschlicher Verstand. Der Mensch macht dagegen Fortschritte in der Kunst, mit seinen Sinnen in der Umwelt mehr zu erkennen. Beide verstehen und begreifen

sich nun immer besser, und sie lernen vermehrt voneinander.
Als ganz besondere Katzen galten die dreifarbigen Tiere. Bei den Kelten waren sie das Sinnbild des Sonnengottes, sind sie weiß, rot und schwarz gezeichnet, werden sie der göttlichen Frau zugeordnet, da dies auch die Farben der Göttin sind. Sehr verbreitet ist der Volksglaube, dass dreifarbige Katzen Glück bringen und das Haus, in dem sie wohnen, vor Feuer und anderen Gefahren beschützen.
Ein weiteres schönes Beispiel für den „magischen" Umgang mit Katzen findet sich in S. Golowins Buch, Göttin Katze: „Manche Mädchen, so lernte ich es schon als Kind in Bern, können ein 'Toggeli' aussenden. Das ist sozusagen die Verkörperung ihres glühenden Wunsches nach dem andern Geschlecht. Möglicherweise ist darin auch ihre ganze Sehnsucht, den 'Richtigen' zu finden, der zu ihnen in jeder Beziehung passt. Das 'Toggeli' aussenden können in der Regel eher besinnliche, etwas verträumte, zur Zurückgezogenheit und Verinnerlichung neigende Mädchen. Sie meiden meistens, wie Katzen, den lärmenden Massenbetrieb. Sie haben es darum nach dem Volksglauben schwer, jemanden zu finden, der ihren eher hohen Ansprüchen entspricht.
Also wandern diese Mädchen in ihren Träumen, meistens in Katzengestalt, über die Dächer. Einige behaupten sogar, dass sie bei solchen Unternehmungen fliegen können. Auf alle Fälle sollen ihnen Entfernungen und natürliche Hindernisse kaum etwas ausmachen. Sie folgen ihrem 'Spüren' und ziehen in die Richtung, aus der sie etwas Verwandtes lockt. Eingedrungen in einer fremden Hütte, legen sich solche Katzen in das Bett desjenigen, bei dem sie eine Zunei-

gung und damit lockende Wärme fühlen. Durch ihre Nähe versinkt nun der betreffende Mann in eine Welt sehr sinnlicher und farbiger Traumgesichte. ...
Der Träumer erkennt in solchen Bildern immer häufiger das Antlitz des Mädchens, ´das ihn sucht`. Wenn er sie dann später auch in der Wirklichkeit trifft, findet für ihn das an sich recht häufige Wunder statt: Es ist ihm vom ersten Augenblick der Bekanntschaft an, als habe er sie ´schon irgendwo einmal gesehen`."

Der Kater Wiljiki

Es war einmal im Winter, da ging ein armes Bäuerlein hinaus in den Wald, um Holz zu fällen. Wie es so ging, sah es mit einem Mal eine schöne, hohe Tanne vor sich stehen, und das Bäuerlein sprach bei sich: „Diese Tanne will ich fällen. Doch ich werde sie nicht als Brennholz nehmen, sondern ihr Holz in der Stadt verkaufen und etliche Rubelchen dafür erlösen."

Doch kaum hatte das Bäuerlein mit seiner Axt den ersten Schlag gegen die Tanne getan, da sprang ein riesengroßer schwarzer Kater herab. Seine Schnurrbarthaare waren von purem Gold und seine Augen aus Diamanten, und er brüllte: „Wie kannst du es wagen, meine Tanne zu fällen? Ich bin der Kater Wiljiki Timofei Iwanowitsch!"

„Ach, verzeih", sprach das Bäuerlein, „ich wusste nicht, dass du der Kater Wiljiki Timofei Iwanowitsch bist und dass dies deine Tanne ist. Wenn das so ist, werde ich sie selbstverständlich stehenlassen."

Und nachdem sie eine Weile miteinander geplaudert hatten, schieden sie in aller Freundschaft voneinander.

Als aber das Bäuerlein zu Hause beim Abendbrot seiner Frau von dem Erlebnis im Wald erzählte, sprach diese: „Ach Mann, es ist doch wirklich ein Elend mit dir! Du hättest dir von dem Kater ein besseres Haus wünschen können. Sieh dir unsere alte, armselige Hütte doch an."

„Frau", sprach das Bäuerlein, „gib dich doch zufrieden. Unsere Hütte ist ganz gut, und wir haben alles, was wir zum Leben brauchen."

Doch die Frau schimpfte mit ihrem Mann so lange, bis er endlich seine Axt nahm, hinausging in den Wald und einen Schlag an die Tanne tat. Sogleich sprang der Kater Wiljiki Timofei Iwanowitsch herab und sagte: „Du bist ja schon wieder da. Was willst du denn?"

„Ich", antwortete das Bäuerlein schüchtern, „ach, weißt du, ich will eigentlich gar nichts, aber meine Frau, die will ein besseres und schöneres Haus haben."
„Geh nur heim", sprach da der Kater, „sie hat es schon."
Und als das Bäuerlein nach Hause kam, da stand dort, wo vorher seine alte Hütte gestanden hatte, ein Haus, na, das hättet ihr einmal sehen sollen! Das war schon fast ein Gutshaus, und in den Ställen wieherten die Pferde, muhten die Kühe, grunzten die Schweine, und im Hof lief das allerschönste Federvieh umher.
Nur die Frau war dieselbe geblieben, denn kaum sah sie ihren Mann, da fing sie auch schon wieder an zu schimpfen: „Da hat sich dein Kater ja nicht gerade angestrengt. Du gehst sofort wieder hinaus in den Wald, ich will jetzt nicht mehr arbeiten, sondern Frau Fürstin sein und ein Schloss haben mit kostbaren Möbeln und vielen Dienern."
„Ach Frau", sprach das Bäuerlein ganz erschrocken, „gib dich zufrieden. Es geht uns doch jetzt über die Maßen gut. Ich gehe nicht mehr zum Kater Wiljiki Timofei Iwanowitsch." Doch die Frau schimpfte so lange weiter, bis der Mann, um seine Ruhe zu haben, endlich seine Axt nahm und damit hinaus in den Wald ging.
Diesmal schlug er nur ganz leicht und zaghaft an die Tanne, doch sogleich kam der Kater wieder herabgesprungen und fragte: „Du bist ja schon wieder hier, was willst du denn?"
„Ich", antwortete das Bäuerlein, „ja weißt du, ich will eigentlich gar nichts. Aber meine Frau, die will jetzt nicht mehr arbeiten. Sie will Frau Fürstin sein und ein Schloss haben mit vielen Dienern."
„Geh nur heim", sprach der Kater, „sie hat es schon."
Und als das Bäuerlein nach Hause kam, da stand dort, wo zuerst seine alte Hütte und dann das stattliche Gutshaus gestanden hatte, ein prächtiges Schloss. Donnerwetter, das hättet ihr einmal sehen sollen! Es hatte Türme und Zinnen

und hundert glänzende Fenster, und die Diener und Lakaien liefen ein und aus. Seine Frau hätte das Bäuerlein zuerst gar nicht mehr wiedererkannt, denn die lag nun mit seidenen Kleidern angetan auf dem Sofa. Aber sonst war sie noch dieselbe geblieben. Kaum sah sie ihren Mann, da fing sie sofort wieder an zu schimpfen: „Du gehst jetzt sogleich wieder hinaus in den Wald zum Kater Wiljiki Timofei Iwanowitsch. Ich will nun Zarin sein und im schönsten Schloss der Welt wohnen. Der Kater Wiljiki Timofei Iwanowitsch aber, der soll mit einer goldenen Kette an eine silberne Säule gekettet werden, und wenn er herabklettert, muss er mir ein Lied vorsingen, wenn er aber hinaufklettert, dann muss er mir ein Märchen erzählen!"
„Ach Gott, Frau", rief das Bäuerlein ganz erschrocken, „steh ab von diesem Wunsch! Das bringt uns nichts Gutes. Gib dich doch endlich zufrieden." Doch es war nun sehr schwierig, der Frau Fürstin zu widersprechen, und sie drohte ihrem Mann zuletzt, dass sie ihn von ihren Dienern in den Kerker werfen lasse, wenn er ihr nicht gehorche.
Da blieb dem Bäuerlein nichts anderes übrig, als abermals die Axt zu nehmen und hinauszugehen in den Wald. Er schlug diesmal nur ganz, ganz leicht an die Tanne, doch sogleich kam der Kater Wiljiki Timofei Iwanowitsch herabgesprungen und fragte: „Was willst du denn schon wieder?"
„Ach", antwortete das Bäuerlein zaghaft, „ich wünsche eigentlich gar nichts, aber meine Frau, ja stell' dir vor, die will jetzt Zarin sein und im schönsten Schloss der Welt wohnen. Und du, Kater Wiljiki Timofei Iwanowitsch, du sollst mit einer goldenen Kette an eine silberne Säule gekettet werden. Wenn du herabkletterst, dann musst du ihr ein Lied vorsingen, und wenn du hinaufkletterst, dann musst du ihr ein Märchen erzählen."
Die Worte waren kaum über seine Lippen gekommen, da wurde der Kater plötzlich riesengroß, seine goldenen Schnurrbarthaare zitterten, und aus seinen diamantenen

Augen schossen Blitze, und er schrie mit ungeheuerer Stimme, dass man es noch dreißig Werst weit hören konnte: „Geh nur heim, ihr habt es jetzt beide, wie ihr's verdient!“

Traurig schlich sich das Bäuerlein nach Hause. Da stand an der Stelle, wo zuletzt das prächtige Fürstenschloss gestanden hatte, seine alte, armselige Hütte wieder. Nur war die inzwischen noch etwas baufälliger geworden, als sie es vorher gewesen war. Und als das Bäuerlein durch die zerbrochenen Fensterscheiben schaute, da sah er seine Frau auf der Ofenbank sitzen, und sie hatte wieder ihren alten, zerschlissenen Pelzrock an.

Der Katzenkönig

Vor langer Zeit saß die Frau des Totengräbers an einem Winterabend am Kamin. Neben ihr lag ihr großer schwarzer Kater, der alte Tom. Sie erwarteten die Rückkehr des Hausherrn. Stunden vergingen, doch er blieb lange aus. Plötzlich kam er hereingestürzt und rief ganz aufgeregt: „Sage, weißt du, wer Tommy Tildrum ist?"
Seine Frau starrte ihn an, noch mehr aber starrte der schwarze Kater.
„Weshalb willst du denn wissen, wer Tommy Tildrum ist, und weshalb regst du dich so auf?"
„Höre, was ich für ein Abenteuer erlebt habe", sagte der Totengräber zu seiner Frau. „Ich habe Mister Fordyces Grab geschaufelt und muss dabei wohl eingeschlafen sein. Plötzlich wachte ich durch das Jaulen einer Katze auf."
„Miau", antwortete der alte Kater Tom.
„Ja, gerade so war es! Ich schaute über das Grab hinweg, und was glaubst du, was ich sah?"
„Wie kann denn ich das wissen?" sprach die Frau.
„Ich sah neun schwarze Katzen, alle mit einem weißen Fleck auf ihrem Brustpelz. Sie sahen alle aus wie unser Tom. Und was glaubst du, was diese Katzen trugen? Sie trugen einen kleinen Sarg, der war mit einem schwarzen Samtbahrtuch bedeckt, und darauf lag eine Krone aus purem Gold. Und bei jedem dritten Schritt riefen alle ´Miau`."
„Miau", maunzte wieder der alte Tom.
„Ganz genauso, ja, ganz genauso!" rief der Totengräber. „Sie kamen näher und näher heran, und ihre Augen leuchteten im grünen Licht. Acht trugen den Sarg, und die Neunte, die Größte, schritt voran. Aber sieh nur unseren Tom an, wie er mich anstarrt! Es ist, als verstünde er alles!"
„Erzähle weiter, erzähle weiter!" rief seine Frau, „und kümmere dich nicht um den alten Tom."

„Also, ich sagte gerade, sie kamen langsam und feierlich auf mich zu und riefen alle bei jedem dritten Schritt ´Miau`."
„Miau", machte der alte Tom wieder.
Der Totengräber erblasste und erschrak, fuhr aber dann fort: „Und denke dir nur, sie stellten sich genau gegenüber dem Grab von Mister Fordyce, wo ich stand, auf, und alle sahen zu mir herüber. Doch sieh nur den Tom an, er starrt mich genauso an wie sie!"
„Kümmere dich doch nicht um den alten Kater!" sagte seine Frau.
„Wo war ich denn? Ach ja, sie standen alle und starrten mich an. Dann kam die Größte, die dem Zug voranschritt, zu mir heran, sah mir gerade ins Gesicht und sagte zu mir, ja, ich versichere dir, sie sprach zu mir mit menschlicher Stimme: ´Sage Tom Tildrum, dass Tim Toldrum tot ist.` Und darum, um Himmels willen, frag' ich dich, weißt du, wer Tom Tildrum ist? Denn wie kann ich Tom Tildrum sagen, dass Tim Toldrum tot ist, wenn ich gar nicht weiß, wer Tom Tildrum ist?"
„Sieh nur den Tom an, sieh nur unsern alten Tom an!" schrie da seine Frau.
Der Totengräber fuhr ebenfalls erschreckt zusammen, denn der Kater Tom blähte sich auf und machte einen Katzenbuckel.
Dann schrie er: „Was, der alte Tim ist tot? Dann bin ja ich jetzt der Katzenkönig!"
Er sauste im Kaminschlot in die Höhe und wurde von dem Augenblick an nie mehr gesehen.

Die Teufelskatze

Einige Stunden Fußwegs von Augsburg gegen München zu, liegt ein großer Wald, worin von alters her der Teufel sein Unwesen treiben soll.
Ein Bischof, der zu seinem Amtsbruder nach Augsburg reiste und nachts durch diesen Wald kam, hörte hinter sich ein lautes Rufen: „Halt. Halt!"
Von andern bereits gewarnt, achtete er gar nicht darauf, sondern ließ seinen Kutscher möglichst schnell zufahren, so dass er bald am Ende des Waldes war. Da hörte er abermals die Stimme, die ihm noch nachrief, er möge in Augsburg von ihr des Bischofs Katze grüßen.
Als er bei diesem angelangt war, erzählte er den Vorfall, ohne den Gruß an die Katze zu vergessen, welche im Zimmer unterm Ofen lag und ungewöhnlich groß war.
Kaum hatte die den Gruß vernommen, sprang sie wie rasend auf und zum Fenster hinaus, wobei sie den ganzen Kreuzstock mit fortriss.
Nun wusste der Bischof, ihr seitheriger Herr, wer und was sie sei. Und er war der sicheren Meinung, dass diese Katze, die ja immer um ihn herum gewesen war, lange Zeit im Geheimen Besprochenes, weitergesagt und verraten habe und in Wahrheit ein Teufelswesen sei.

Das Katzenweible

Auf einem Rübenacker im Bayerischen hatte sich früher öfters mal eine Katze blicken lassen, die sich hernach in ein altes Weible verwandelte. Vor der hatte man daher stets große Scheu und mochte nichts mit ihr zu tun haben.

Ein kleiner Junge war mit seiner Mutter zum Arbeiten auf diesen Acker gegangen und sah eine Katze, die dem Hund, so sehr er auch knurrte und bellte, durchaus nicht weichen wollte. Da lief der Junge, der die nähere Bewandtnis mit der Katze noch nicht kannte, zu ihr hin, um sie mit einem Stock zu vertreiben.

Aber die Katze machte einen Buckel und sträubte das Fell. Sie fauchte, ihre Augen verengten sich zu schmalen Schlitzen und sie wich keinen Schritt.

Jetzt erst bemerkte die Mutter, was ihr Junge machen wollte, rief ihn sogleich zurück und sprach: „Wir hören zu ackern auf und gehen im Augenblick nach Hause. Vor dieser fürchterlichen Katze ist mir nicht geheuer."

Dann nahm sie den Jungen bei der Hand und eilte davon.

Sie waren aber noch nicht weit gekommen, da sahen sie, als sie sich umblickten, keine Katze mehr. An deren Platz stand ein altes Weible. In der Gegend von Kaufbeuren erzählte man sich lange von diesem unheimlichen Katzenweible.

Das Nachtvolk

Wenn der Sturm durch die Bäume braust, kommt das Nachtvolk aus seinen Schlupfwinkeln hoch oben in den Bergen herausgekrochen und zieht durch Schluchten und Klüfte in die Täler und Niederungen hinunter. Manchmal tobt das nächtliche Volk wie die wilde Jagd heulend und tosend ins Tal, manchmal aber wird es wieder von so lieblicher Musik begleitet, dass jeder verzaubert ist, der sie hört. Das Nachtvolk scheut sich auch nicht, die Wohnstätten der Menschen zu betreten. Im Freien soll man dem Zug der meist unsichtbaren Gestalten ausweichen, daheim aber Türen und Fenster verschließen, wenn der nächtliche Spuk vorübersaust, denn wohin das Nachtvolk kommt, bringt es Übel und Krankheiten mit sich. Oft sind es scheußliche, abschreckende Gestalten, die der eine oder andere nächtliche Wanderer an sich vorüberfliegen gesehen hat.
Einmal lag ein Jäger nachts unter einem dürren struppigen Tannenbaum und schlief. Gegen Mitternacht wurde er durch ein lautes Poltern und Toben aus dem Schlaf geweckt und sah das Nachtvolk gerade auf sich zukommen. Erschrocken sagte er zu sich selbst: „Mit diesem Volk ist nicht gut Kirschen essen. Es wird am besten sein, wenn ich verschwinde." Und er versteckte sich rasch hinter dem nächsten Busch. Das Nachtvolk aber kam näher und stellte sich im Kreis um den Baum auf, den der Mann soeben verlassen hatte. Wie der Jäger verwundert hinsah und horchte, ob nichts zu vernehmen sei, da fing der Baum auf einmal von selbst an, lieblich aufzuspielen, dass es eine Freude war. Das eine Ästlein blies die Flöte, das andere die Klarinette, und die kleinsten Zweige machten die Pfeiflein. Das Nachtvolk begann einen Reigen und tanzte um den Baum herum. Paar um Paar schwang sich im Kreis, dass der Staub aufwirbelte.

Während der Jäger belustigt dem seltsamen Tun des Nachtvolkes zusah, hörte er plötzlich auf der anderen Seite des Berghanges etwas miauen. Als er sich erstaunt vorneigte und zum Hang hinüberspähte, sah er ein Rudel Katzen mit durchdringendem Geschrei den Berg herauflaufen, und jede Katze zog ein Fässchen Wein am Schwanz nach. Als diese absonderliche Weinfuhre zum Tannenbaum gekommen war, stellte das Nachtvolk sogleich den Tanz ein. Nun zapften die Katzen die Fässer an und schenkten aus, als wären sie gelernte Schankwirte. Als Trinkgefäße dienten der zechenden Gesellschaft jedoch nicht Becher sondern die hohlen Hufe von Kühen. Alle tranken einander zu, und das nächtliche Gelage währte bis zum Morgengrauen. Dann waren alle Fässer bis zum letzten Tropfen geleert, und Nachtvolk und Katzen samt den leeren Fässern und Hufen verschwanden im dämmernden Tag.
Von dieser Nacht an hütete sich der Jäger, noch einmal unter der dürren Tanne zu schlafen. Von dem Wein, den die Katzen den Berg hinaufgezogen haben, hätte er allerdings für sein Lebtag gern einen Schoppen gekostet.

Der Wundertaler

In Swinemünde lebte vor vielen Jahren ein Mann, der hatte einen zauberkräftigen Taler und den hatte er so erhalten:
Er ging in der Neujahrsnacht an die Kirchtür. Zuvor hatte er sich einen ganz schwarzen Kater, der auch nicht ein weißes Haar am Leibe hatte, gefangen und in einen Sack gesteckt. Den nahm er auf den Rücken, ging rückwärts von der Kirchtür um die Kirche und als er herum war, klopfte er dreimal an.
Da trat ein Fremder heraus und fragte, ob er den Kater verkaufen wolle?
„Ja", gab der Mann Antwort.
„Wie teuer?" fragte der andere.
„Für einen Taler."
„Das ist zu viel. Ich will acht Groschen geben!"
„Dafür ist er nicht zu haben", sagte der Mann. Darauf ging er zum zweiten Male auf dieselbe Weise um die Kirche herum und klopfte abermals an.
Der selbe geheimnisvolle Fremde trat wieder heraus. Der Mann wiederholte seine Forderung, und nun bot ihm der Fremde sechzehn Groschen.
„Dafür ist er nicht zu haben", lautete abermals die Auskunft. Der Fremde verschwand wieder in der Kirche, und der Mann mit dem Kater im Sack ging nun zum dritten Male rückwärts um die Kirche.
Wieder klopfte er danach an das Kirchenportal. Der Fremde erschien wieder, und der Mann wiederholte seine Forderung.
Dieses Mal erhielt der Mann von dem Fremden den geforderten Taler. Darauf warf er den Sack mit dem Kater vor dem Fremden auf die Erde und lief mit dem Gelde, so schnell er nur konnte, nach Hause.

Seitdem mochte er den Taler ausgeben, so oft er wollte, sobald nur der letzte Groschen fort war, hatte er auch schon den ganzen Taler wieder in der Tasche.

Ein schwarzer Kater, der kein einziges weißes Haar hat, wurde dem Teufel zugeordnet. Der Taler, den man für einen solchen Kater erhält, ist zauberkräftig, er schafft stets neues Geld. Der Besitzer allerdings verliert sein Seelenheil, wenn er es nicht schafft, den Taler vor seinem Tode weiterzugeben.

Die rote Katze von Vogelsbüsch

In Vogelsbüsch, einem weltabgelegenen Dorfe, lebte einmal ein Bauer, der jeden Morgen mit dem leeren Melkeimer aus dem Kuhstall kam, obwohl er kein Knauser war und den Kühen selbst nachts den Raufen voll Heu und Grünfutter steckte.
„Das kann nicht mit rechten Dingen zugehen", klagte er einmal einer alten Zigeunerin, die sein jüngstes Kind besprochen und vom Herzdrücken befreit hatte. „Ich gebe Euch noch einen Taler, wenn Ihr mir sagen könnt, was ich da tun soll."
Da gab ihm die Zigeunerin einen stillen Wink, legte den Finger auf den Mund, strich den Taler ein und verschwand.
Am selben Abend kroch der Bauer in den Schweinestall, stellte die Mistgabel neben sich und linste stets nach der Hühnerluke, wie ihm die Zigeunerin befohlen hatte. Aber alles blieb ruhig im Stall. Die Schweine schnarchten wie jeden Abend, die Kühe zupften schläfrig das Futter aus den Raufen, und von Zeit zu Zeit gackerte ein Huhn im Schlaf und rückte auf der Stange ein Stücklein weiter.
Als es gegen Mitternacht ging, überfiel den Bauer eine bleischwere Müdigkeit, und er musste, immer wieder nach dem Gebot der Zigeunerin, einen Essiglappen auf die Augen drücken, um wach zu bleiben. Zur selben Zeit aber, als die alte Kastenuhr in der Stube zu zwölf Schlägen ausholte, verdunkelte sich die Hühnerluke, und der Bauer war plötzlich so wach wie noch nie in seinem Leben. Mit aufgesperrtem Mund und angstvollen Augen starrte er in zwei rote, feurige Kugeln, die immer näher rückten, bis sie plötzlich von der hohen Hühnerstange in die Tiefe rollten und verschwanden.
Nun fasste der Bauer die Mistgabel fester und begann mit angehaltenem Atem zu lauschen. Und wahrhaftig, er hörte

ein deutliches Schmatzen und Nuckeln, was ihn so erzürnte, dass er mit einem lauten Donnerwetter unter die erschrockenen Kühe fuhr, wobei er mit der Mistgabel nach allen Seiten stieß und fuchtelte. Da gab es einen Schrei, so schrill und scharf, als werde ein Schwein abgestochen, und doch war ein Ton in diesem Aufschrei, der halb an einen Menschen erinnerte. Als dann dem Bauern ein roter feuriger Schweif an der bleichen Nase vorbeiwehte, griff er zu, prallte zurück und sah, wie eine rote Katze fauchend und schmauchend durch die Hühnerluke schoss und in der dunkeln Nacht verschwand.
„Dummer Narr, jetzt hast du es doch verkehrt gemacht", knurrte er auf und hielt nichts in Händen als eine Schürze. Hätte er den mit Weihwasser besprengten und mit drei Wachskreuzen gezeichneten Holzpfropfen in die Hühnerluke gestoßen, so wäre die Katze ihm nicht entwischt, und er hätte bald bemerkt, welch alte Hexe sich hinter ihr versteckte.
So aber trug er die Schürze in die Küche, hielt sie unter die Stalllaterne, pfiff ein paarmal hell durch die Zähne und hatte einen Ausweg gefunden. Am Morgen stapfte er zum Nachbarhaus, trat neben die Schwiegertochter der alten Base Käthe, die in keinem guten Rufe stand, und sagte: „Diese Schürze habe ich neben unserer Gartenhecke gefunden. Schau mal nach, ob sie nicht dir gehört."
„Mir gehört sie nicht, aber meiner Schwiegermutter", behauptete die Schwiegertochter und warf sie neben sich auf den Küchenstuhl.
„Gib her, ich will sie ihr bringen", sagte der Bauer und lachte pfiffig.
„Das geht nicht", wehrte die Schwiegertochter, „denn die alte Frau liegt im Bett und hat den Kopf mit einem dicken Tuch umwickelt. Sie ist nämlich in der Nacht ohne Licht in den Stall gegangen und hat sich ein ordentliches Loch in die Stirn gestoßen."

„Oder sie ist in eine Mistgabel gerannt", schrie der Bauer grob und hörte einen unterdrückten Schrei.
Da wusste er seinen Teil, und die Base Käthe wusste den ihren. Der Bauer aber brauchte nie mehr über zu wenig Milch klagen.

Ein bemerkenswerter Fall ereignete sich im Jahre 1596, als die Hexen von Aberdeen angeklagt wurden, die Gestalt von Katzen angenommen zu haben, um ungestört ihre Orgien am Fischkreuz feiern zu können. Der Name des Kreuzes legt nahe, dass es auf einem Fischmarkt errichtet worden war und dass die vermeintlichen Hexen gewöhnliche Katzen waren, die durch den Geruch ihrer Lieblingsnahrung angelockt worden waren.

Die Alexanderkatze

Eines Tages, um das Jahr 1840, brachte Graf Alexander von Württemberg meinem Vater, Justinus Kerner, ein Bild in einfachem schwarzem Rahmen. Es stellte eine Wildkatze in Lebensgröße dar. Sie war mit schwarzer Kreide auf bläuliches Papier gezeichnet, und diese Farbe des Papiers zeigte sich auch in den Augen der Katze wieder, die sonst ganz dunkel gehalten war.

Je länger man das Bild anblickte, desto mehr war man betroffen von der Lebendigkeit der Zeichnung, besonders schauten einen die Augen der Katze so böse und drohend an, dass es einem ordentlich unheimlich wurde, und jetzt noch, nach so vielen Jahren, kann ich ihren Blick nicht vergessen.

„Lieber Justel, ich habe dir hier ein Bild mitgebracht, es ist so gut gemalt, dass ich es nicht verbrennen wollte, und dennoch kann ich es nicht mehr länger behalten, es würde mich verrückt machen. Bei einem früher in meinem Dienst gestandenen Jäger, der später Forstwart bei Esslingen wurde, habe ich es einmal an der Wand hängen sehen und oft daran denken müssen. Vor zwei Monaten hat er sich, obgleich er in anscheinend glücklichen Verhältnissen lebte, erschossen. Da habe ich es von der Frau gekauft und unter anderen Jagdbildern in meinem Schreibzimmer aufgehängt.

Aber ich kann die Augen dieser Katze nicht ertragen. Während ich den anderen Bildern keine Aufmerksamkeit schenke, muss ich dieses Bild unwillkürlich täglich anschauen. Ich fühle, dass es mich ganz melancholisch macht, so dass es mir am Ende erginge wie dem Forstwart. Darum bringe ich es dir, mein Justel, du bist der Herr der Geister, auf dich hat der böse Zauber keinen Einfluss."

So sprach Graf Alexander damals zu meinem Vater.

Die Katze hing nun im Studierzimmer meines Vaters. Wir hießen sie die Alexanderkatze und hatten alle unsere Freude daran.

Aber die Augen! Die Augen! Sie waren gar zu unheimlich und man konnte den Blick nicht davon abwenden. So hing das Bild da lange Zeit, doch immer mehr fühlte mein Vater eine – wie wir es nannten – ungerechte Abneigung gegen die Katze. Er behauptete, ihr Anblick mache ihn ganz trübsinnig. Doch weil es das letzte Geschenk seines unterdessen verstorbenen Alexanders war, wollte er sie nicht hergeben. Eines Morgens aber brachte er sie mir und sagte: „Jetzt nimm du die Alexanderkatze, ich kann's nimmer aushalten!"

Ich war erfreut, die Zeichnung zu haben und hielt mich gewappnet gegen jeden Aberglauben. „Was doch die Einbildung macht!" dachte ich, als ich dem Katzenbild einen Platz unter anderen Bildern über meinem Schreibtisch einräumte. „Hätte Alexander nicht gesagt, die Katze mache ihn melancholisch, hätte auch mein Vater nichts von dergleichen verspürt. Einer steckt den andern an."

Ich schenkte dem Katzenbild bald keine Beachtung mehr und es mochte schon ein Jahr dort hängen, als es mir in einer Winternacht – ich schrieb zu später Zeit an meinem Arbeitstisch noch einen Brief – plötzlich vorkam, ich sei nicht allein im Zimmer. Ich hatte die unheimliche Empfindung, es schleiche etwas Fremdes an mich heran. Ich sah schnell auf und meine Blicke trafen die Augen der Katze. Von jetzt an wusste ich, dass es keinen Frieden mehr zwischen uns gebe. Ihre Augen schienen mich feindlich zu verfolgen, und ich war innerlich voll Hass gegen sie, und das Traurigste dabei war, dass ich fühlte, wie sie stärker war als ich. Ihre Blicke schienen langsam jede Lebenskraft aus mir zu saugen, meine Gedanken zu absorbieren. Aber dennoch wollte ich sie nicht vom Nagel nehmen, ich schämte mich meiner Schwäche.

Da sagte eines Tages mein Vater: „Ich begreife nicht, wie du die Katze immer noch im Zimmer haben magst, auf mich macht sie immer noch einen dämonischen Eindruck."
„Wenn das so ist, tue ich sie weg", entgegnete ich und war froh, einen Grund außer mir zu haben, den unseligen Bann zu lösen.
Nun kannte ich einen Herrn, der war ein lustiger Lebemann, dabei Jäger und großer Tierfreund. Er hatte sein Haus neu herrichten lassen.
„Hier habe ich ein Bild für Ihren Hausgang", sagte ich, natürlich ohne ihm irgendetwas von dem Lebenslauf und dem Wirken des Bildes zu sagen. Er dankte freundlichst und hing es in den Hausgang. Nach einem halben Jahr wurde er ohne äußere Beweggründe trübsinnig und tat sich einen Tod an.
Unser erster Gedanke war: Die Alexanderkatze!
Ein Verwandter des Verunglückten nahm die Katze mit sich, und nach einigen Monaten wurde er tot im Bett gefunden, ob durch fremde Hand oder durch eigene, blieb immer ein Rätsel.
Was aus der Katze weiter geworden, und auf wen sie jetzt unheilvoll niederschaut, weiß ich nicht zu berichten.

Der Doktor mit den Böcken

Vor uralten Zeiten wohnte auf dem Eichelberg bei Wertheim in einem großen Haus ein alter Doktor, der in der Heilkunst wohl erfahren war. In der Stadt aber stand er in keinem guten Ruf. Man hielt ihn für einen Wettermacher, der mit Hexen und Gespenstern umging. Wegen seiner Geschicklichkeit wurde er jedoch häufig von den Leuten besucht. Wenn der Doktor beim Läuten an seiner Tür nicht gleich den Kopf zum Fenster herausstreckte, so wusste man, dass dem Kranken nicht mehr zu helfen sei, und der Besucher durfte dann sofort wieder nach Hause gehen.

Die Kranken, die er annahm, besuchte der Doktor auch zu Hause und verschrieb ihnen Arznei. Wenn er dies tat, wusste jedermann, dass die Leidenden auch sicher wieder gesund wurden. Der Alte ging bei solchen Besuchen nie zu Fuß, sondern fuhr immer in einem kleinen Wagen, der von zwei schwarzen Böcken gezogen wurde.

Eines Abends schaute der Doktor zum Fenster seines Hauses hinaus auf den Main, da fuhr ein Nachen mit schönen Mädchen flussabwärts. Nicht fern von der Wohnung hielten sie bei einem alten Schlosse und stiegen dort aus, wo später die sogenannte weiße Scheuer stand. Es waren zwölf Mädchen, die hier zusammen wohnten.

Auf den alten Doktor aber hatte dies Geschehen einen so tiefen Eindruck gemacht, dass er am nächsten Morgen seine Böcke anspannte, hinab in das Schloss fuhr und dort einen Heiratsantrag vorbrachte. Die jungen Frauen wussten anfangs nicht, was sie machen sollten mit diesem sonderbaren Freier. Da verlangte die älteste von ihnen drei Tage Bedenkzeit.

Als der alte Freier nach dieser Frist wiederkam, empfingen ihn die Mädchen freundlich und führten ihn in einen prachtvollen Saal. Hier saß auf einem Stuhl eine in tiefe

Schleier gehüllte Gestalt. Der Doktor sollte den Schleier lüften und sie als Braut umarmen. Als er aber den Schleier hob, schaute ihn statt der ersehnten Braut nur eine Katze an.
Unter dem Gelächter aller, auch der aus der Stadt hierzu eingeladenen Mädchen, eilte der getäuschte Freier racheschnaubend aus dem Saal und fuhr davon.
In der folgenden Nacht, in der Stunde vor Mitternacht, kam er wieder zum Schloss zurück und verwandelte zur Strafe alle Jungfrauen in Katzen. Danach erhob sich ein Sturm und es kam ein Hochwasser, dass das Schloss schließlich zusammenstürzte. Noch oft danach sah man an dieser Stelle, die verwunschenen Katzen. Der Doktor aber war von jener Nacht an verschwunden.
Nur wenn sich der Tag des Ereignisses jährt, fährt er nachts um Mitternacht den Eichelberg herunter in die weiße Scheuer. Dort trifft sich der Doktor dann mit den Verwunschenen. Funken sprühen dabei aus den Rädern des Wagens, und die Augen der Böcke leuchten wie glühende Kohlen. Erst wenn dann beim Morgengrauen die Hähne krähen, kehrt er wieder nach dem Eichelberg zurück, und man kann noch lange ein klagendes Maunzen und Miauen vernehmen.

Der Spielmann und die Grafentochter

Vor vielen Jahren wohnte auf einem Schloss ein reicher Graf, desen Tochter wunderschön war. Allein diese hatte noch niemals in ihrem Leben gelacht Der Vater war sehr betrübt darüber, da sie sein einziges Kind war. Die Ärzte behaupteten, dass sie krank sei, aber keiner konnte angeben, was das für eine Krankheit sei. Der Graf machte daher bekannt, dass derjenige eine große Belohnung erhalten solle, der seine Tochter von ihrer Schwermut befreien würde. Viele kamen und versuchten es, doch war alles umsonst, und die Grafentochter schaute bei den bunten Festen, die ihretwegen veranstaltet wurden, finster drein, und wenn ringsum alles lachte, so blieb ihr Antlitz doch kalt.

Eines Tages meldete sich ein blondlockiger, schöner Jüngling in fremder Tracht. Er trug ein Saitenspiel in seiner Linken und bat, der Prinzessin vorgestellt zu werden, damit er ihr das Lied des Lebens vorsinge. Er wurde angenommen, und zur bestimmten Stunde versammelten sich die Männer und Frauen des Hofes. Zwischen dem Grafen und der Gräfin saß ihre bleiche, schwermütige Tochter. Der Jüngling trat ein, verneigte sich, griff in die Saiten und sang, was des Lebens höchste Lust und höchste Qual sei. Als der Gesang zu Ende war, entfuhr der Grafentochter ein entsetzlicher Schrei, und sie sank ohnmächtig zu Boden. Die Mutter hob sie auf und führte sie in ihr Schlafgemach zurück.

Am anderen Morgen ging der fremde Spielmann zum Grafen und sprach: „Die Schwermut Eurer Tochter rührt nicht von einer Krankheit her, sondern von einer Verzauberung. Die nächste Vollmondnacht wird es zeigen."

Als nun die nächste Vollmondnacht da war, gingen der Graf und der Spielmann heimlich in den Park.

„Herr Graf", flüsterte der Spielmann, „seht Ihr dort nicht etwas auf dem Dach?"

„Ja, ganz deutlich", antwortete der Graf. „Drei Katzen sind es, zwei graue und eine weiße."
Die zwei grauen Katzen jagten und verfolgten die weiße und zausten und bissen sie, und die weiße Katze schrie erbärmlich. Nun reichte der Spielmann dem Grafen ein ausgehöhltes Totenbein und sagte: „Schaut hindurch auf das Dach, Herr Graf! Aber erschreckt nicht, und bewahrt das Geheimnis fest in Eurer Brust."
Der Graf schaute durch das Totenbein und sah zwei alte, struppige, graue Weiber, die wütend ein schönes, weißes und liebliches Mädchen verfolgten. Das Mädchen war seine Tochter! Als die Uhr auf dem Turm eins schlug, war alles verschwunden. Der Graf stand bleich da, rang die Hände und rief: „Mein armes Kind, was musst du leiden!"
Und in seinem Schmerz versprach er dem, der seine Tochter erlösen würde, ihre Hand und sein ganzes Gut. Der junge Spielmann gelobte, sein Blut daranzusetzen, um die Grafentochter zu retten. Am anderen Tage nahm er Abschied von dem Grafen, und nachdem er sein Versprechen wiederholt hatte, wanderte er fort, immer der Grafentochter gedenkend. Als er eines Tages unter einem Baum Rast hielt, kam ein Vöglein, setzte sich auf einen Ast und sang:

„Rein ist dein Sinn;
Komm, folge mir!
Ich führ' dich hin,
Wo Rat wird dir."

Der Spielmann stand auf, ging dem Vöglein nach und kam tief in den Wald zu einer kleinen Hütte. Darin wohnte ein alter Einsiedler, dem erzählte er von dem Unglück der Grafentochter und dem Schmerz des Vaters.
„Ja, ich weiß es", sagte der Einsiedler, als der Jüngling seine Erzählung beendet hatte. „Die Mutter ist schuld daran, denn damit ihre Schönheit immer gleich bleibe, opferte sie die Tochter den Hexen. Diese plagen nun das arme Mädchen in jeder Nacht von zwölf bis ein Uhr, hetzen und

beißen sie, bis es einmal mit ihr aus sein wird. Dann werden sie ihr Herz zerreißen und es auffressen."
„Aber die Mutter war doch sehr besorgt um sie", warf der Spielmann ein.
„Das ist alles nur Heuchelei", versetzte der Einsiedler, „Heuchelei, mit der sie die ganze Welt täuscht."
„Und kann ich die Grafentochter nicht erlösen?" fragte der Jüngling.
„Das kannst du", antwortete der Einsiedler, „wenn du den Mut hast, die Hexen zu fangen. Du brauchst dazu einen Sack, genäht aus dem Kleid einer Jungfrau, die noch das ganze Glück des Menschen in ihrer Brust trägt. Hast du aber die Hexen im Sack, so musst du ihn schnell zubinden und in einen wohlgeheizten Ofen werfen. Du musst auch den Sack gut halten, damit keine Katze entkommt. Sie würde dich zerreißen und fressen. Das Vöglein, das dich zu mir geführt hat, wird dich auch zu der Jungfrau führen, die dir das Kleid geben soll. Sonst könntest du lange suchen, und die Hilfe käme zu spät."
Der Spielmann bedankte sich für die gute Weisung und bat den Einsiedler um seinen Segen, damit er das Werk auch recht vollführen möge. Der Einsiedler tat nach seinem Willen, legte ihm die Hände auf das Haupt und segnete ihn. Dann ging der Spielmann seines Weges.
Das Vöglein führte ihn über viele Berge in ein Tal, in dem er ein schönes Mädchen fand. Sie jauchzte in der Pracht des angehenden Tages, verrichtete dann kniend ein kurzes Gebet und wollte sich an die Arbeit machen.
Da trat der Spielmann auf sie zu und fragte sie, ob sie glücklich sei.
„Ja, ich bin glücklich", antwortete des Mädchen, „gesunden Schlaf habe ich, einen frohen Mut und ein gutes Gewissen. Mir ist so wohl, dass ich mit niemand tauschen möchte."
Jetzt trug der Spielmann sein Anliegen vor und sagte ihr, dass er zur Verrichtung einer guten Tat etwas von ihr erbit-

ten müsse, das Kleid, das sie auf ihrem Leibe trage. Das Mädchen nickte mit dem Kopf und kehrte in die Hütte zurück; aber bald war sie wieder da und schenkte dem Spielmann das beste Kleid, das sie besaß, da sie wusste, dass eine Menschenseele dadurch gerettet werden sollte. Fröhlich trat der Spielmann den Rückweg an.

Als er zu dem Grafen kam, sagte er ihm, dass jetzt die Rettung seiner Tochter nicht mehr fern sei, und der Graf war hocherfreut darüber. Und wieder in der Vollmondnacht stellte sich der Spielmann auf und wartete, nachdem er alle Dachfenster bis auf eins fest verschlossen hatte. Als es ein Uhr schlug, kam die weiße Katze vom Dach gesprungen und wollte durch das offene Fenster schlüpfen. Diese ließ er herein. Die beiden grauen Katzen aber, die hinter der weißen hergerannt kamen, fing er in dem entgegengehaltenen Sack auf, band diesen schnell zu und warf ihn in einen glühend gemachten Ofen, so dass die Hexen unter jämmerlichem Geschrei verbrannten.

Von diesem Augenblick an hatte die Grafentochter Ruhe. Ihr Antlitz wurde hell, ihre Wangen färbten sich rot, und jetzt sah man erst, wie schön die junge Gräfin war. Die alte Gräfin dagegen wurde von Tag zu Tag hässlicher, denn der Neid verzerrte ihre Gesichtszüge. Der Graf war erstaunt darüber, und eines Tages fragte er den Spielmann, woher das komme. Da erzählte dieser alles, was er von dem Einsiedler erfahren hatte. Sofort wurde die Mutter auf ein fernes Jagdschloss gebracht. Die Erlöste aber war ihrem Erlöser hold, und so wurde bald eine fröhliche Hochzeit gefeiert.

Aus dem Spielmann wurde ein junger Graf. Der Mutter wurde verziehen, nachdem sie ihre Schuld abgebüßt hatte. Aber auch des jungen Mädchens gedachte der Graf; er gab ihr ein viel schöneres Kleid, als sie ihm gegeben hatte, und sandte ihr reiche Geschenke, und den alten Einsiedler nahm er zu sich ins Schloss und hielt ihn in hohen Ehren, bis er starb.

Spiegel, das Kätzchen

Wenn ein Seldwyler einen schlechten Handel gemacht hat oder angeführt worden ist, so sagt man zu Seldwyla: „Er hat der Katze den Schmer abgekauft!" Dies Sprichwort ist zwar auch anderwärts gebräuchlich, aber nirgends hört man es so oft wie dort, was vielleicht daher rühren mag, dass es in dieser Stadt eine alte Sage gibt über den Ursprung und die Bedeutung dieses Sprichwortes.
Vor mehreren hundert Jahren, heißt es, wohnte zu Seldwyla eine ältliche Person allein mit einem schönen, grau und schwarzen Kätzchen, welches in aller Vergnügtheit und Klugheit mit ihr lebte und niemandem, der es ruhig ließ, etwas zuleide tat. Seine einzige Leidenschaft war die Jagd, welche es jedoch mit Vernunft und Mäßigung befriedigte, ohne sich durch den Umstand, dass diese Leidenschaft zugleich einen nützlichen Zweck hatte und seiner Herrin wohlgefiel, beschönigen zu wollen und allzusehr zur Grausamkeit hinreißen zu lassen. Es fing und tötete daher nur die zudringlichsten und frechsten Mäuse, welche sich in einem gewissen Umkreise des Hauses betreten ließen, aber diese dann mit zuverlässiger Geschicklichkeit. Nur selten verfolgte es eine besonders pfiffige Maus, welche seinen Zorn gereizt hatte, über diesen Umkreis hinaus und erbat sich in diesem Falle mit viel Höflichkeit von den Herren Nachbarn die Erlaubnis, in ihren Häusern ein wenig mausen zu dürfen, was ihm gerne gewährt wurde, da es die Milchtöpfe stehen ließ, nicht an die Schinken hinaufsprang, welche etwa an den Wänden hingen, sondern seinem Geschäfte still und aufmerksam oblag und, nachdem es dieses verrichtet, sich mit dem Mäuslein im Maule anständig entfernte. Auch war das Kätzchen gar nicht scheu und unartig, sondern zutraulich gegen jedermann und floh nicht vor vernünftigen Leuten; vielmehr ließ es

sich von solchen einen guten Spaß gefallen und selbst ein bisschen an den Ohren zupfen, ohne zu kratzen. Dagegen ließ es sich von einer Art dummer Menschen, von welchen es behauptete, dass die Dummheit aus einem unreifen und nichtsnutzigen Herzen käme, nicht das Mindeste gefallen und ging ihnen entweder aus dem Wege oder versetzte ihnen einen ausreichenden Hieb über die Hand, wenn sie es mit einer Plumpheit molestierten.

Spiegel, so war der Name des Kätzchens wegen seines glatten und glänzenden Pelzes, lebte so seine Tage heiter, zierlich und beschaulich dahin, in anständiger Wohlhabenheit und ohne Überhebung, Er saß nicht zu oft auf der Schulter seiner freundlichen Gebieterin, um ihr die Bissen von der Gabel wegzufangen, sondern nur, wenn er merkte, dass ihr dieser Spaß angenehm war. Auch lag und schlief er den Tag über selten auf seinem warmen Kissen hinter dem Ofen, sondern hielt sich munter und liebte es eher, auf einem schmalen Treppengeländer oder in der Dachrinne zu liegen und sich philosophischen Betrachtungen und der Beobachtung der Welt zu überlassen. Nur jeden Frühling und Herbst einmal wurde dies ruhige Leben eine Woche lang unterbrochen, wenn die Veilchen blühten oder die milde Wärme des Altweibersommers die Veilchenzeit nachäffte. Alsdann ging Spiegel seine eigenen Wege, streifte in verliebter Begeisterung über die fernsten Dächer und sang die allerschönsten Lieder. Als ein rechter Don Juan bestand er bei Tag und Nacht die bedenklichsten Abenteuer, und wenn er sich zur Seltenheit einmal im Hause sehen ließ, so erschien er mit einem so verwegenen, burschikosen, ja liederlichen und zerzausten Aussehen, dass die stille Person, seine Gebieterin, fast unwillig ausrief: „Aber Spiegel! Schämst du dich denn nicht, ein solches Leben zu führen?“

Wer sich aber nicht schämte, war Spiegel. Als ein Mann von Grundsätzen, der wohl wusste, was er sich zur wohltätigen

Abwechslung erlauben durfte, beschäftigte er sich ganz ruhig damit, die Glätte seines Pelzes und die unschuldige Munterkeit seines Aussehens wiederherzustellen, und er fuhr sich so unbefangen mit dem feuchten Pfötchen über die Nase, als ob gar nichts geschehen wäre.
Allein dies gleichmäßige Leben nahm plötzlich ein trauriges Ende. Als das Kätzchen Spiegel eben in der Blüte seiner Jahre stand, starb die Herrin unversehens an Altersschwäche und ließ das schöne Kätzchen herrenlos und verwaist zurück. Es war das erste Unglück, welches ihm widerfuhr, und mit jenen Klagetönen, welche so schneidend den bangen Zweifel an der wirklichen und rechtmäßigen Ursache eines großen Schmerzes ausdrücken, begleitete es die Leiche bis auf die Straße und strich den ganzen übrigen Tag ratlos im Hause und rings um dasselbe her. Doch seine gute Natur, seine Vernunft und Philosophie geboten ihm bald, sich zu fassen, das Unabänderliche zu tragen und seine dankbare Anhänglichkeit an das Haus seiner toten Gebieterin dadurch zu beweisen, dass er ihren lachenden Erben seine Dienste anbot und sich bereitmachte, denselben mit Rat und Tat beizustehen, die Mäuse ferner im Zaume zu halten und überdies ihnen manche gute Mitteilung zu machen, welche die Törichten nicht verschmäht hätten, wenn sie eben nicht unvernünftige Menschen gewesen wären. Aber diese Leute ließen Spiegel gar nicht zu Worte kommen, sondern warfen ihm die Pantoffeln und das artige Fußschemelchen der Seligen an den Kopf, so oft er sich blicken ließ, zankten sich acht Tage lang untereinander, begannen endlich einen Prozess und schlossen das Haus bis auf weiteres zu, so dass nun gar niemand darin wohnte.
Da saß nun der arme Spiegel traurig und verlassen auf der steinernen Stufe vor der Haustüre und hatte niemand, der ihn hineinließ. Des Nachts begab er sich wohl auf Umwegen unter das Dach des Hauses, und im Anfang hielt er

sich einen großen Teil des Tages dort verborgen und suchte seinen Kummer zu verschlafen. Doch der Hunger trieb ihn bald an das Licht und nötigte ihn, an der warmen Sonne und unter den Leuten zu erscheinen, um bei der Hand zu sein und zu gewärtigen, wo sich etwa ein Maul voll geringer Nahrung zeigen möchte. Je seltener dies geschah, desto aufmerksamer wurde der gute Spiegel, und alle seine moralischen Eigenschaften gingen in dieser Aufmerksamkeit auf, so dass er sehr bald sich selber nicht mehr gleichsah. Er machte zahlreiche Ausflüge von seiner Haustüre aus und stahl sich scheu und flüchtig über die Straße, um manchmal mit einem schlechten, unappetitlichen Bissen, dergleichen er früher nie angesehen, manchmal mit gar nichts zurückzukehren. Er wurde von Tag zu Tag magerer und zerzauster, dabei gierig, kriechend und feig. All sein Mut, seine zierliche Katzenwürde, seine Vernunft und Philosophie waren dahin. Wenn die Buben aus der Schule kamen, so kroch er in einen verborgenen Winkel, sobald er sie kommen hörte, und guckte nur hervor, um aufzupassen, welcher von ihnen etwa eine Brotrinde wegwürfe und merkte sich den Ort, wo sie hinfiel. Wenn der schlechteste Köter von weitem ankam, so sprang er hastig fort, während er früher gelassen der Gefahr ins Auge geschaut und böse Hunde oft tapfer gezüchtigt hatte. Nur wenn ein grober und einfältiger Mensch daherkam, dergleichen er sonst klüglich gemieden, blieb er sitzen, obgleich das arme Kätzchen mit dem Reste seiner Menschenkenntnis den Lümmel recht gut erkannte. Allein die Not zwang Spiegelchen, sich zu täuschen und zu hoffen, dass der Schlimme ausnahmsweise einmal es freundlich streicheln und ihm einen Bissen darreichen werde. Und selbst wenn er statt dessen nun doch geschlagen oder in den Schwanz gekneift wurde, so kratzte er nicht, sondern duckte sich lautlos zur Seite und sah dann noch verlangend nach der Hand, die es geschlagen und gekneift und welche nach Wurst oder Hering roch.

Als der edle und kluge Spiegel so heruntergekommen war, saß er eines Tages ganz mager und traurig auf seinem Stein und blinzelte in der Sonne. Da kam der Stadthexenmeister Pineiß des Weges, sah das Kätzchen und stand vor ihm still. Etwas Gutes hoffend, obgleich es den Unheimlichen wohl kannte, saß Spiegelchen demütig auf dem Stein und erwartete, was der Herr Pineiß etwa tun oder sagen würde. Als dieser aber begann und sagte: „Na, Katze! Soll ich dir deinen Schmer abkaufen?“ da verlor es die Hoffnung, denn es glaubte, der Stadthexenmeister wolle es seiner Magerkeit wegen verhöhnen. Doch erwiderte es bescheiden und lächelnd, um es mit niemand zu verderben: „Ach, der Herr Pineiß belieben zu scherzen!“

„Mitnichten!“ rief Pineiß. „Es ist mir voller Ernst! Ich brauche Katzenschmer vorzüglich zur Hexerei. Aber er muss mir vertragsmäßig und freiwillig von den werten Herren Katzen abgetreten werden, sonst ist er unwirksam. Ich denke, wenn je ein wackeres Kätzlein in der Lage war, einen vorteilhaften Handel abzuschließen, so bist es du! Begib dich in meinen Dienst. Ich füttere dich herrlich heraus, mache dich fett und kugelrund mit Würstchen und gebratenen Wachteln. Auf dem ungeheuer hohen alten Dache meines Hauses, welches nebenbei gesagt das köstlichste Dach von der Welt ist für eine Katze, voll interessanter Gegenden und Winkel, wächst auf den sonnigsten Höhen treffliches Spitzgras, grün wie Smaragd, schlank und fein in den Lüften schwankend, dich einladend, die zartesten Spitzen abzubeißen und zu genießen, wenn du dir an meinen Leckerbissen eine leichte Unverdaulichkeit zugezogen hast. So wirst du bei trefflicher Gesundheit bleiben und mir dereinst einen kräftigen, brauchbaren Schmer liefern!“

Spiegel hatte schon längst die Ohren gespitzt und mit wässerndem Mäulchen gelauscht. Doch war seinem geschwächten Verstande die Sache noch nicht klar, und er versetzte daher: „Das ist soweit nicht übel, Herr Pineiß!

Wenn ich nur wüsste, wie ich alsdann, wenn ich doch, um Euch meinen Schmer abzutreten, mein Leben lassen muss, des verabredeten Preises habhaft werden und ihn genießen soll, da ich nicht mehr bin?"
„Des Preises habhaft werden?" sagte der Hexenmeister verwundert, „den Preis genießest du ja eben in den reichlichen und üppigen Speisen, womit ich dich fett mache, das versteht sich von selber! Doch will ich dich zu dem Handel nicht zwingen!" Und er machte Miene, sich von dannen begeben zu wollen.
Aber Spiegel sagte hastig und ängstlich: „Ihr müsst mir wenigstens eine mäßige Frist gewähren über die Zeit meiner höchsten erreichten Rundheit und Fettigkeit hinaus, dass ich nicht so jählings von hinnen gehen muss, wenn jener angenehme und ach so traurige Zeitpunkt herangekommen und entdeckt ist!"
„Es sei", sagte Herr Pineiß mit anscheinender Gutmütigkeit. „Bis zum nächsten Vollmond sollst du dich alsdann deines angenehmen Zustandes erfreuen dürfen, aber nicht länger! Denn in den abnehmenden Mond hinein darf es nicht gehen, weil dieser einen vermindernden Einfluss auf mein wohlerworbenes Eigentum ausüben würde."
Das Kätzchen beeilte sich zuzuschlagen und unterzeichnete einen Vertrag, welchen der Hexenmeister im Vorrat bei sich führte, mit seiner scharfen Handschrift, welche sein letztes Besitztum und Zeichen besserer Tage war.
„Du kannst dich nun zum Mittagessen bei mir einfinden, Kater!" sagte der Hexer, „Punkt zwölf Uhr wird gegessen!"
„Ich werde so frei sein, wenn Ihr's erlaubt!" sagte Spiegel und fand sich pünktlich um die Mittagsstunde bei Herrn Pineiß ein. Dort begann nun während einiger Monate ein höchst angenehmes Leben für das Kätzchen, denn es hatte auf der Welt weiter nichts zu tun, als die guten Dinge zu verzehren, die man ihm vorsetzte, dem Meister bei der Hexerei zuzuschauen, wenn es mochte, und auf dem

Dache spazierenzugehen. Dies Dach glich einem ungeheuren schwarzen Nebelspalter oder Dreiröhrenhut, wie man die großen Hüte der schwäbischen Bauern nennt, und wie ein solcher Hut ein Gehirn voller Nücken und Finten überschattet, so bedeckte dies Dach ein großes, dunkles und winkliges Haus voll Hexenwerk und Tausendsgeschichten. Herr Pineiß war ein Kannalles, welcher hundert Ämtchen versah, Leute kurierte, Wanzen vertilgte, Zähne auszog und Geld auf Zinsen lieh. Er war der Vormünder aller Waisen und Witwen, schnitt in seinen Mußestunden Federn, das Dutzend für einen Pfennig, und machte schöne schwarze Tinte. Er handelte mit Ingwer und Pfeffer, mit Wagenschmiere und Rosoli, mit Häftlein und Schuhnägeln, er renovierte die Turmuhr und machte jährlich den Kalender mit der Witterung, den Bauernregeln und dem Aderlass-

männchen. Er verrichtete zehntausend rechtliche Dinge am hellen Tag um mäßigen Lohn und einige unrechtliche nur in der Finsternis und aus Privatleidenschaft oder hing auch den rechtlichen, ehe er sie aus seiner Hand entließ, schnell noch ein unrechtliches Schwänzchen an, so klein wie die Schwänzchen der jungen Frösche, gleichsam nur der Possierlichkeit wegen. Überdies machte er das Wetter in schwierigen Zeiten, überwachte mit seiner Kunst die Hexen, und wenn sie reif waren, ließ er sie verbrennen. Für sich trieb er die Hexerei nur als wissenschaftlichen Versuch und zum Hausgebrauch, sowie er auch die Stadtgesetze, die er redigierte und ins Reine schrieb, unter der Hand probierte und verdrehte, um ihre Dauerhaftigkeit zu ergründen. Da die Seldwyler stets einen solchen Bürger brauchten, der alle unlustigen kleinen und großen Dinge für sie tat, so war er zum Stadthexenmeister ernannt worden und bekleidete dies Amt schon seit vielen Jahren mit unermüdlicher Hingebung und Geschicklichkeit, früh und spät. Daher war sein Haus von unten bis oben vollgestopft mit allen erdenklichen Dingen, und Spiegel hatte viel Kurzweil, alles zu besehen und zu beriechen.
Doch im Anfang gewann er keine Aufmerksamkeit für andere Dinge als für das Essen. Er schlang gierig alles hinunter, was Pineiß ihm darreichte, und mochte kaum von einer Zeit zur anderen warten. Dabei überlud er sich den Magen und musste wirklich auf das Dach gehen, um dort von den grünen Gräsern abzubeißen und sich von allerhand Unwohlsein zu kurieren. Als der Meister diesen Heißhunger bemerkte, freute er sich und dachte, das Kätzchen würde solcherweise recht bald fett werden, und je besser er daran wende, desto klüger verfahre und spare er im Ganzen. Er baute daher für Spiegel eine ordentliche Landschaft in seiner Stube, indem er ein Wäldchen von Tannenbäumchen aufstellte, kleine Hügel von Steinen und Moos errichtete und einen kleinen See anlegte. Auf die Bäum-

chen setzte er duftig gebratene Lerchen, Finken, Meisen und Sperlinge, je nach der Jahreszeit, so dass da Spiegel immer etwas herunterzuholen und zu knabbern vorfand. In die kleinen Berge versteckte er in künstlichen Mauslöchern herrliche Mäuse, welche er sorgfältig mit Weizenmehl gemästet, dann ausgeweidet, mit zarten Speckriemchen gespickt und gebraten hatte. Einige dieser Mäuse konnte Spiegel mit der Hand hervorholen, andere waren zur Erhöhung des Vergnügens tiefer verborgen, aber an einen Faden gebunden, an welchem Spiegel sie behutsam hervorziehen musste, wenn er diese Lustbarkeit einer nachgeahmten Jagd genießen wollte. Das Becken des Sees aber füllte Pineiß alle Tage mit frischer Milch, damit Spiegel in der süßen seinen Durst lösche, und ließ gebratene Gründlinge darin schwimmen, da er wusste, dass Katzen zuweilen auch die Fischerei lieben. Aber da nun Spiegel ein so herrliches Leben führte, tun und lassen, essen und trinken konnte, was ihm beliebte und wann es ihm einfiel, so gedieh er allerdings zusehends an seinem Leibe. Sein Pelz wurde wieder glatt und glänzend und sein Auge munter. Aber zugleich nahm er, da sich seine Geisteskräfte in gleichem Maße wieder ansammelten, bessere Sitten an, die wilde Gier legte sich, und weil er jetzt traurige Erfahrung hinter sich hatte, so wurde er nun klüger als zuvor. Er mäßigte sich in seinen Gelüsten und fraß nicht mehr, als ihm zuträglich war, indem er zugleich wieder vernünftigen und tiefsinnigen Betrachtungen nachhing und die Dinge wieder durchschaute. So holte er eines Tages einen hübschen Krammetsvogel von den Ästen herunter, und als er denselben nachdenklich zerlegte, fand er dessen kleinen Magen ganz kugelrund angefüllt mit frischer unversehrter Speise. Grüne Kräutchen, artig zusammengerollt, schwarze und weiße Samenkörner und eine glänzende rote Beere waren da so niedlich und dicht ineinander gepfropft, als ob ein Mütterchen für ihren Sohn das Ränzchen zur Reise

gepackt hätte. Als Spiegel den Vogel langsam verzehrt und das so vergnüglich gefüllte Mäglein an seine Klaue hing und philosophisch betrachtete, rührte ihn das Schicksal des armen Vogels, welcher nach so friedlich verbrachtem Geschäft so schnell sein Leben lassen gemüsst, dass er nicht einmal die eingepackten Sachen verdauen konnte. „Was hat er nun davon gehabt, der arme Kerl", sagte Spiegel, „dass er sich so fleißig und eifrig genährt hat, dass dies kleine Säckchen aussieht wie ein wohlvollbrachtes Tagewerk? Diese rote Beere ist es, die ihn aus dem freien Walde in die Schlinge des Vogelstellers gelockt hat. Aber er dachte doch, seine Sache noch besser zu machen und sein Leben an solchen Beeren zu fristen, während ich, der ich soeben den unglücklichen Vogel gegessen, daran mich nur um einen Schritt näher zum Tode gegessen habe! Kann man einen elenderen und feigeren Vertrag abschließen, als sein Leben noch ein Weilchen fristen zu lassen, um es dann um diesen Preis doch zu verlieren? Wäre nicht ein freiwilliger und schneller Tod vorzuziehen gewesen für einen entschlossenen Kater? Aber ich habe keine Gedanken gehabt, und nun da ich wieder solche habe, sehe ich nichts vor mir als das Schicksal dieses Krammetsvogels: Wenn ich rund genug bin, so muss ich von hinnen, aus keinem andern Grunde, als weil ich rund bin. Ein schöner Grund für einen lebenslustigen und gedankenreichen Katzmann! Ach, könnte ich aus dieser Schlinge kommen!"
Er vertiefte sich nun in vielfältige Grübeleien, wie das gelingen möchte, aber da die Zeit der Gefahr noch nicht da war, so wurde es ihm nicht klar, und er fand keinen Ausweg. Aber als ein kluger Mann ergab er sich bis dahin der Tugend und der Selbstbeherrschung, welches immer die beste Vorschule und Zeitverwendung ist, bis sich etwas entscheiden soll. Er verschmähte das weiche Kissen, welches ihm Pineiß zurechtgelegt hatte, damit er fleißig darauf schlafen und fett werden sollte, und zog es vor, wieder auf

schmalen Gesimsen und hohen, gefährlichen Stellen zu liegen, wenn er ruhen wollte. Ebenso verschmähte er die gebratenen Vögel und die gespickten Mäuse und fing sich lieber auf den Dächern, da er nun wieder einen rechtmäßigen Jagdgrund hatte, mit List und Gewandtheit einen schlichten lebendigen Sperling, oder auf den Speichern eine flinke Maus, und solche Beute schmeckte ihm vortrefflicher als das gebratene Wild in Pineißens künstlichem Gehege, während sie ihn nicht zu fett machte. Auch die Bewegung und Tapferkeit sowie der wiedererlangte Gebrauch der Tugend und Philosophie verhinderten ein zu schnelles Fettwerden, so dass Spiegel zwar gesund und glänzend aussah, aber zu Pineißens Verwunderung auf einer gewissen Stufe der Beleibtheit stehenblieb, welche lange nicht das erreichte, was der Hexenmeister mit seiner freundlichen Mästung bezweckte, denn dieser stellte sich darunter ein kugelrundes, schwerfälliges Tier vor, welches sich nicht vom Ruhekissen bewegte und aus eitel Schmer bestand. Aber hierin hatte sich seine Hexerei eben geirrt, und er wusste bei aller Schlauheit nicht, dass, wenn man einen Esel füttert, derselbe ein Esel bleibt, wenn man aber einen Fuchsen speiset, derselbe nichts anders wird als ein Fuchs, denn jede Kreatur wächst sich nach ihrer Weise aus. Als Herr Pineiß entdeckte wie Spiegel immer auf demselben Punkte einer wohlgenährten aber geschmeidigen und rüstigen Schlankheit stehenblieb, ohne eine erkleckliche Fettigkeit anzusetzen, stellte er ihn eines Abends plötzlich zur Rede und sagte barsch: „Was ist das, Spiegel? Warum frissest du die guten Speisen nicht, die ich dir mit so viel Sorgfalt und Kunst präpariere und herstelle? Warum fängst du die gebratenen Vögel nicht auf den Bäumen, warum suchst du die leckeren Mäuschen nicht in den Berghöhlen? Warum fischest du nicht mehr in dem See? Warum pflegst du dich nicht? Warum schläfst du nicht auf dem Kissen? Warum strapazierst du dich und wirst mir nicht fett?"

„Ei, Herr Pineiß!" sagte Spiegel, „weil es mir wohler ist auf diese Weise! Soll ich meine kurze Frist nicht auf die Art verbringen, die mir am angenehmsten ist?"
„Wie!" rief Pineiß, „du sollst so leben, dass du dick und rund wirst, und nicht dich abjagen! Ich merke aber wohl, wo du hinauswillst! Du denkst mich zu äffen und hinzuhalten, dass ich dich in Ewigkeit in diesem Mittelzustande herumlaufen lasse? Mitnichten soll dir das gelingen! Es ist deine Pflicht, zu essen und zu trinken und dich zu pflegen, auf dass du dick werdest und Schmer bekommst! Auf der Stelle entsage daher dieser hinterlistigen und kontraktwidrigen Mäßigkeit, oder ich werde ein Wörtlein mit dir sprechen!"
Spiegel unterbrach sein behagliches Spinnen, das er angefangen, um seine Fassung zu behaupten, und sagte: „Ich weiß kein Sterbenswörtchen davon, dass in dem Kontrakt steht, ich solle der Mäßigkeit und einem gesunden Lebenswandel entsagen! Wenn der Herr Stadthexenmeister darauf gerechnet hat, dass ich ein fauler Schlemmer sei, so ist das nicht meine Schuld! Ihr tut tausend rechtliche Dinge des Tages, so lasset dieses auch noch hinzukommen und uns beide hübsch in der Ordnung bleiben, denn Ihr wisst ja wohl, dass Euch mein Schmer nur nützlich ist, wenn er auf rechtliche Weise erwachsen!"
„Ei du Schwätzer!" rief Pineiß erbost, „willst du mich belehren? Zeig' her, wie weit bist du denn eigentlich gediehen, du Müßiggänger? Vielleicht kann man dich doch bald abtun!" Er griff dem Kätzchen an den Bauch. Allein dieses fühlte sich dadurch unangenehm gekitzelt und hieb dem Hexenmeister einen scharfen Kratz über die Hand. Diesen betrachtete Pineiß aufmerksam, dann sprach er: „Stehen wir so miteinander, du Bestie? Wohlan, so erkläre ich dich hiermit feierlich, kraft des Vertrages, für fett genug! Ich begnüge mich mit dem Ergebnis und werde mich desselben zu versichern wissen! In fünf Tagen ist der Mond voll,

und bis dahin magst du dich noch deines Lebens erfreuen, wie es geschrieben steht, und nicht eine Minute länger!" Damit kehrte er ihm den Rücken und überließ ihn seinen Gedanken.

Diese waren jetzt sehr bedenklich und düster, so war denn die Stunde doch nahe, wo der gute Spiegel seine Haut lassen sollte? Und war mit aller Klugheit gar nichts mehr zu machen? Seufzend stieg er auf das hohe Dach, dessen Firste dunkel in den schönen Herbstabendhimmel emporragten. Da ging der Mond über der Stadt auf und warf seinen Schein auf die schwarzen, bemoosten Hohlziegel des alten Daches, ein lieblicher Gesang tönte in Spiegels Ohren, und eine schneeweiße Kätzin wandelte glänzend über einen benachbarten First weg. Sogleich vergaß Spiegel die Todesaussichten, in welchen er lebte, und erwiderte mit seinem schönsten Katerliede den Lobgesang der Schönen. Er eilte ihr entgegen und war bald im hitzigen Gefecht mit drei fremden Katern begriffen, die er mutig und wild in die Flucht schlug. Dann machte er der Dame feurig und ergeben den Hof und brachte Tag und Nacht bei ihr zu, ohne an den Pineiß zu denken oder im Hause sich sehen zu lassen. Er sang wie eine Nachtigall die schönen Mondnächte hindurch, jagte hinter der weißen Geliebten her über die Dächer, durch die Gärten, und rollte mehr als einmal im heftigen Minnespiel oder im Kampfe mit den Rivalen über hohe Dächer hinunter und fiel auf die Straße, aber nur um sich aufzuraffen, das Fell zu schütteln und die wilde Jagd seiner Leidenschaften von Neuem anzuheben. Stille und laute Stunden, süße Gefühle und zorniger Streit, anmutiges Zwiegespräch, witziger Gedankenaustausch, Ränke und Schwänke der Liebe und Eifersucht, Liebkosungen und Raufereien, die Gewalt des Glückes und die Leiden des Unsterns ließen den verliebten Spiegel nicht zu sich selbst kommen, und als die Scheibe des Mondes voll geworden, war er von allen diesen Aufregungen und Leidenschaften

so heruntergekommen, dass er jämmerlicher, magerer und zerzauster aussah als je. Im selben Augenblicke rief ihm Pineiß aus einem Dachtürmchen: „Spiegelchen, Spiegelchen! Wo bist du? Komm doch ein bisschen nach Hause!"
Da schied Spiegel von der weißen Freundin, welche zufrieden und kühl miauend ihrer Wege ging, und wandte sich stolz seinem Henker zu. Dieser stieg in die Küche hinunter, raschelte mit dem Kontrakt und sagte: „Komm' Spiegelchen, komm, Spiegelchen!" Und Spiegel folgte ihm und setzte sich in der Hexenküche trotzig vor den Meister hin in all seiner Magerkeit und Zerzaustheit. Als Herr Pineiß erblickte, wie er so schmählich um seinen Gewinn gebracht war, sprang er wie besessen in die Höhe und schrie wütend: „Was seh' ich? Du Schelm, du gewissenloser Spitzbube! Was hast du mir getan?" Außer sich vor Zorn griff er nach einem Besen und wollte Spiegelein schlagen. Aber dieser krümmte den schwarzen Rücken, ließ die Haare emporstarren, dass ein fahler Schein darüber knisterte, legte die Ohren zurück, prustete und funkelte den Alten so grimmig an, dass dieser voll Furcht und Entsetzen drei Schritte zurücksprang. Er begann zu fürchten, dass er einen Hexenmeister vor sich habe, welcher ihn foppe und mehr könne als er selbst. Ungewiss und kleinlaut sagte er. „Ist der ehrsame Herr Spiegel vielleicht vom Handwerk? Sollte ein gelehrter Zaubermeister beliebt haben sich in dero äußere Gestalt zu verkleiden, da er nach Gefallen über sein Leibliches gebieten und genau so beleibt werden kann als es ihm angenehm dünkt, nicht zuwenig und nicht zuviel, oder unversehens so mager wie ein Gerippe, um dem Tode zu entschlüpfen?"
Spiegel beruhigte sich wieder und sprach ehrlich: „Nein, ich bin kein Zauberer! Es ist allein die süße Gewalt der Leidenschaft welche mich so heruntergebracht und zu meinem Vergnügen Euer Fett dahingenommen hat. Wenn wir übrigens jetzt unser Geschäft von Neuem beginnen wollen,

so will ich tapfer dabeisein und dreinbeißen! Setzt mir nur eine recht schöne und große Bratwurst vor, denn ich bin ganz erschöpft und hungrig!"

Da packte Pineiß den Spiegel wütend am Kragen, sperrte ihn in den Gänsestall, der immer leer war, und schrie: „Da sieh zu, ob dir deine süße Gewalt der Leidenschaft noch einmal heraushilft und ob sie stärker ist als die Gewalt der Hexerei und meines rechtlichen Vertrages! Jetzt heißt's: Vogel friss oder stirb!" Sogleich briet er eine lange Wurst, die so lecker duftete, dass er sich nicht enthalten konnte, selbst ein bisschen an beiden Zipfeln zu schlecken, ehe er sie durch das Gitter steckte.

Spiegel fraß sie von vorn bis hinten auf, und indem er sich behaglich den Schnurrbart putzte und den Pelz leckte, sagte er zu sich selber: „Meiner Seel! Es ist doch eine schöne Sache um die Liebe! Die hat mich für diesmal wieder aus der Schlinge gezogen. Jetzt will ich mich ein wenig ausruhen und trachten, dass ich durch Beschaulichkeit und gute Nahrung wieder zu vernünftigen Gedanken komme! Alles hat seine Zeit! Heute ein bisschen Leidenschaft, morgen ein wenig Besonnenheit und Ruhe, ist jedes in seiner Weise gut. Dies Gefängnis ist gar nicht so übel, und es lässt sich gewiss etwas Ersprießliches darin ausdenken!"

Pineiß aber nahm sich nun zusammen und bereitete alle Tage mit aller seiner Kunst solche Leckerbissen und in solch reizender Abwechslung und Zuträglichkeit, dass der gefangene Spiegel denselben nicht widerstehen konnte, denn Pineißens Vorrat an freiwilligem und rechtmäßigem Katzenschmer nahm alle Tage mehr ab und drohte nächstens ganz auszugehen, und dann war der Hexer ohne dies Hauptmittel ein geschlagener Mann. Aber der gute Hexenmeister nährte mit dem Leibe Spiegels dessen Geist immer wieder mit, und es war durchaus nicht von dieser unbequemen Zutat loszukommen, weshalb auch seine Hexerei sich hier als lückenhaft erwies.

Als Spiegel in seinem Käfig ihm endlich fett genug dünkte, säumte er nicht länger, sondern stellte vor den Augen des aufmerksamen Katers alle Geschirre zurecht und machte ein helles Feuer auf dem Herd, um den lang ersehnten Gewinn auszukochen. Dann wetzte er ein großes Messer, öffnete den Kerker, zog Spiegelchen hervor, nachdem er die Küchentüre wohlverschlossen, und sagte wohlgemut: „Komm, du Sapperlöter! Wir wollen dir den Kopf abschneiden vorderhand und dann das Fell abziehen! Dieses wird eine warme Mütze für mich geben, woran ich Einfältiger noch gar nicht gedacht habe! Oder soll ich dir erst das Fell abziehen und dann den Kopf abschneiden?"
„Nein, wenn es Euch gefällig ist", sagte Spiegel demütig, „lieber zuerst den Kopf abschneiden!"
„Hast recht, du armer Kerl!" sagte Herr Pineiß: „Wir wollen dich nicht unnütz quälen! Alles, was recht ist!"
„Dies ist ein wahres Wort!" sagte Spiegel mit einem erbärmlichen Seufzer und legte das Haupt ergebungsvoll auf die Seite, „Oh hätt' ich doch jederzeit getan, was recht ist, und nicht eine so wichtige Sache leichtsinnig unterlassen, so könnte ich jetzt mit besserem Gewissen sterben, denn ich sterbe gern. Aber ein Unrecht erschwert mir den sonst so willkommenen Tod, denn was bietet mir das Leben? Nichts als Furcht, Sorge und Armut und zur Abwechslung einen Sturm verzehrender Leidenschaft, die noch schlimmer ist als die stille, zitternde Furcht!"
„Ei, welches Unrecht, welche wichtige Sache?" fragte Pineiß neugierig.
„Ach, was hilft das Reden jetzt noch", seufzte Spiegel, „geschehen ist geschehen, und jetzt ist Reue zu spät!"
„Siehst du Sappermenter, was für ein Sünder du bist", sagte Pineiß, „und wie wohl du deinen Tod verdienst? Aber was Tausend hast du denn angestellt? Hast du mir vielleicht etwas entwendet, entfremdet, verdorben? Hast du mir ein himmelschreiendes Unrecht getan, von dem ich

noch gar nichts weiß, ahne, vermute, du Satan? Das sind mir schöne Geschichten! Gut, dass ich noch dahinterkomme! Auf der Stelle beichte mir, oder ich schinde und siede dich lebendig aus! Wirst du sprechen oder nicht?"
„Ach nein!" sagte Spiegel, „wegen Euch habe ich mir nichts vorzuwerfen. Es betrifft die zehntausend Goldgulden meiner seligen Gebieterin - aber was hilft Reden! Zwar wenn ich bedenke und Euch ansehe, so möchte es vielleicht noch nicht ganz zu spät sein - wenn ich Euch betrachte, so sehe ich, dass ihr ein noch ganz schöner und rüstiger Mann seid in den besten Jahren - sagt doch, Herr Pineiß! Habt Ihr noch nie etwa den Wunsch verspürt, Euch zu verehelichen, ehrbar und vorteilhaft? Aber was schwatze ich! Wie wird ein so kluger und kunstreicher Mann auf dergleichen müßige Gedanken kommen! Wie wird ein so nützlich beschäftigter Meister an törichte Weiber denken! Zwar allerdings hat auch die Schlimmste noch irgendwas an sich, was etwa nützlich für einen Mann ist, das ist nicht abzuleugnen! Und wenn sie nur halbwegs was taugt, so ist eine gute Hausfrau etwa weiß am Leibe, sorgfältig im Sinne, zutulich von Sitten, treu von Herzen, sparsam im Verwalten, aber verschwenderisch in der Pflege ihres Mannes, kurzweilig in Worten und angenehm in ihren Taten, einschmeichelnd in ihren Handlungen! Sie küsst den Mann mit ihrem Munde und streichelt ihm den Bart, sie umschlingt ihn mit ihren Armen und kraut ihm hinter den Ohren, wie er es wünscht, kurz, sie tut tausend Dinge, die nicht zu verwerfen sind. Sie hält sich ihn ganz nah zu oder in bescheidener Entfernung, je nach seiner Stimmung, und wenn er seinen Geschäften nachgeht, so stört sie ihn nicht, sondern verbreitet unterdessen sein Lob in und außer dem Hause, denn sie lässt nichts an ihn kommen und rühmt alles, was an ihm ist! Aber das Anmutigste ist die wunderbare Beschaffenheit ihres zarten leiblichen Daseins, welches die Natur so verschieden gemacht hat von unserem

Wesen bei anscheinender Menschenähnlichkeit, dass es ein fortwährendes Meerwunder in einer glückhaften Ehe bewirkt und eigentlich die allerdurchtriebenste Hexerei in sich birgt! Doch was schwatze ich da wie ein Tor an der Schwelle des Todes! Wie wird ein weiser Mann auf dergleichen Eitelkeiten sein Augenmerk richten! Verzeiht, Herr Pineiß, und schneidet mir den Kopf ab!"

Pineiß aber rief heftig: „So halt doch endlich inne, du Schwätzer und sage mir: Wo ist eine solche, und hat sie zehntausend Goldgulden?"

„Zehntausend Goldgulden?" sagte Spiegel.

„Nun ja", rief Pineiß ungeduldig, „sprachest du nicht eben erst davon."

„Nein", antwortete jener, „das ist eine andere Sache! Die liegen vergraben an einem Orte!"

„Und was tun sie da, wem gehören sie?" schrie Pineiß.

„Niemand gehören sie, das ist eben meine Gewissensbürde, denn ich hätte sie unterbringen sollen! Eigentlich gehören sie jenem, der eine solche Person heiratet, wie ich eben beschrieben habe. Aber wie soll man drei solche Dinge zusammenbringen in dieser gottlosen Stadt: zehntausend Goldgulden, eine weiße, feine und gute Hausfrau und einen weisen, rechtschaffenen Mann? Daher ist eigentlich meine Sünde nicht allzu groß, denn der Auftrag war zu schwer für eine arme Katze!

„Wenn du jetzt", rief Pineiß, „nicht bei der Sache bleibst und sie verständlich der Ordnung nach dartust, so schneide ich dir vorläufig den Schwanz und beide Ohren ab! Jetzt fang an!"

„Da Ihr es befehlt, so muss ich die Sache wohl erzählen", sagte Spiegel und setzte sich gelassen auf seine Hinterfüße, „obgleich dieser Aufschub meine Leiden nur vergrößert!" Pineiß steckte das scharfe Messer zwischen sich und Spiegel in die Diele und setzte sich neugierig auf ein Fässchen, um zuzuhören, und Spiegel fuhr fort:

„Ihr wisset doch, Herr Pineiß, dass die brave Person, meine selige Meisterin, unverheiratet gestorben ist als eine alte Jungfer, die in aller Stille viel Gutes getan und niemanden zuwider gelebt hat. Aber nicht immer war es um sie her so still und ruhig zugegangen, und obgleich sie niemals von bösem Gemüt gewesen, so hatte sie doch einst viel Leid und Schaden angerichtet, denn in ihrer Jugend war sie das schönste Fräulein weit und breit, und was von jungen Herren und kecken Gesellen in der Gegend war oder des Weges kam, verliebte sich in sie und wollte sie durchaus heiraten. Nun hatte sie wohl große Lust zu heiraten und einen hübschen, ehrenfesten und klugen Mann zu nehmen, und sie hatte die Auswahl, da sich Einheimische und Fremde um sie stritten und einander mehr als einmal die Degen in den Leib rannten, um den Vorrang zu gewinnen. Es bewarben sich um sie und versammelten sich kühne und verzagte, listige und treuherzige, reiche und arme Freier, solche mit einem guten und anständigen Geschäft und solche, welche als Kavaliere zierlich von ihren Renten lebten, dieser mit diesen, jener mit jenen Vorzügen, beredt oder schweigsam, der eine munter und liebenswürdig, und ein anderer schien es mehr in sich zu haben, wenn er auch etwas einfältig aussah. Kurz, das Fräulein hatte eine so vollkommene Auswahl, wie es ein mannbares Frauenzimmer sich nur wünschen kann. Allein sie besaß außer ihrer Schönheit ein schönes Vermögen von vielen tausend Goldgulden, und diese waren die Ursache, dass sie nie dazukam, eine Wahl treffen und einen Mann nehmen zu können, denn sie verwaltete ihr Gut mit trefflicher Umsicht und Klugheit und legte einen großen Wert auf dasselbe und da nun der Mensch immer von seinen eigenen Neigungen aus andere beurteilt, so geschah es, dass sie, sobald sich ihr ein achtungswerter Freier genähert und ihr halbwegs gefiel, alsobald sich einbildete, derselbe begehre sie nur um ihres Gutes willen. War einer reich, so glaubte sie, er würde sie doch nicht begehren, wenn sie nicht auch reich wäre, und von den Unbemittelten nahm sie vollends als gewiss an, dass sie nur ihre Goldgulden im Auge hätten und sich daran gedächten gütlich zu tun, und das arme Fräulein, welches doch selbst so große Dinge auf den irdischen Besitz hielt, war nicht imstande, diese Liebe zu Geld und Gut an ihren Freiern von der Liebe zu ihr selbst zu unterscheiden, oder wenn sie wirklich etwa vorhanden war, dieselbe nachzusehen und zu verzeihen. Mehrere Male war sie schon so gut wie verlobt, und ihr Herz klopfte endlich stärker. Aber plötzlich glaubte sie aus irgendeinem Zuge zu entnehmen, dass sie verraten sei und man einzig an ihr Vermögen denke, und sie brach unverweilt die Geschichte entzwei und zog sich voll Schmerzen, aber unerbittlich zurück. Sie prüfte alle, welche ihr nicht missfielen, auf hundert Arten, so dass eine große Gewandtheit dazu gehörte, nicht in die Falle zu gehen und zuletzt keiner mehr sich mit einiger Hoffnung nähern konnte, als wer ein durchaus geriebener und verstellter Mensch war, so dass schon aus diesen Gründen endlich die Wahl wirklich schwer wurde, weil solche Menschen dann zuletzt doch eine unheimliche Unruhe erwecken und die peinlichste Ungewissheit bei einer Schönen zurücklassen, je geriebener und geschickter sie sind. Das Hauptmittel, ihre Anbeter zu prüfen, war, dass sie ihre Uneigennützigkeit auf die Probe stellte und sie alle Tage zu großen Ausgaben, zu reichen Geschenken und zu wohltätigen Handlungen veranlasste. Aber sie mochten es machen, wie sie wollten, so trafen sie doch nie das Rechte, denn zeigten sie sich freigebig und aufopfernd, gaben sie glänzende Feste, brachten sie ihr Geschenke dar oder anvertrauten ihr beträchtliche Gelder für die Armen, so sagte sie plötzlich, dies alles geschehe nur, um mit einem Würmchen den Lachs zu fangen oder mit der Wurst nach der Speckseite zu werfen, wie man zu sagen pflegt. Und sie vergabte die Geschenke sowohl wie das anvertraute Geld an Klöster und milde Stiftungen und speisete die Armen. Aber die betrogenen Freier wies sie unbarmherzig ab. Bezeigten sich dieselben aber zurückhaltend oder gar knauserig, so war der Stab sogleich über sie gebrochen, da sie das noch viel übler nahm und daran eine schnöde und nackte Rücksichtslosigkeit und Eigenliebe zu erkennen glaubte. So kam es, dass sie, welche ein reines und nur ihrer Person hingegebenes Herz suchte, zuletzt von lauter verstellten, listigen und eigensüchtigen Freiersleuten umgeben war, aus denen sie nie klug wurde und die ihr das Leben verbitterten. Eines Tages fühlte sie sich so missmutig und trostlos, dass sie ihren ganzen Hof aus dem Hause wies, dasselbe zuschloss und nach Mailand verreiste, wo sie eine Base hatte. Als sie über den Sankt Gotthard ritt auf einem Eselein, war ihre Gesinnung so schwarz und schaurig wie das wilde Gestein, das sich aus den Abgründen emportürmte, und sie fühlte die heftigste Versuchung, sich von der Teufelsbrücke in die tobenden Gewässer der Reuß hinabzustürzen. Nur mit der größten Mühe gelang es den zwei Mägden, die sie bei sich hatte und die ich selbst noch gekannt habe, welche aber nun schon lange tot sind, und dem Führer, sie zu beruhigen und von der finstern Anwandlung abzubringen. Doch langte sie bleich und traurig in dem schönen Land Italien an, und so blau dort der Himmel war, wollten sich ihre dunklen Gedanken doch nicht aufhellen. Aber als sie einige Tage bei ihrer Base verweilt, sollte unverhofft eine andere Melodie ertönen und ein Frühlingsanfang in ihr aufgehen, von dem sie bis dato noch nicht viel gewusst. Denn es kam ein junger Landsmann in das Haus der Base, der ihr gleich beim ersten Anblick so wohl gefiel, dass man wohl sagen kann, sie verliebte sich jetzt von selbst und zum erstenmal. Es war ein schöner Jüngling, von guter Erziehung und edlem Benehmen, nicht arm und nicht reich zur Zeit, denn er hatte nichts als zehntausend Goldgulden, welche er von seinen verstorbenen

Eltern ererbt und womit er, da er die Kaufmannschaft erlernt hatte, in Mailand einen Handel mit Seide begründen wollte, denn er war unternehmend und klar von Gedanken und hatte eine glückliche Hand, wie es unbefangene und unschuldige Leute oft haben. Denn auch dies war der junge Mann: Er schien, so wohlgelehrt er war, doch so arglos und unschuldig wie ein Kind. Und obgleich er ein Kaufmann war und ein so unbefangenes Gemüt, was schon zusammen eine köstliche Seltenheit ist, so war er doch fest und ritterlich in seiner Haltung und trug sein Schwert so keck zur Seite, wie nur ein geübter Kriegsmann es tragen kann. Dies alles sowie seine frische Schönheit und Jugend bezwangen das Herz des Fräuleins dermaßen, dass sie kaum an sich halten konnte und ihm mit großer Freundlichkeit begegnete. Sie wurde wieder heiter, und wenn sie dazwischen auch traurig war, so geschah dies in dem Wechsel der Liebesfurcht und Hoffnung, welche immerhin ein edleres und angenehmeres Gefühl war als jene peinliche Verlegenheit in der Wahl, welche sie früher unter den vielen Freiern empfunden. Jetzt kannte sie nur eine Mühe und Besorgnis, diejenige nämlich, dem schönen und guten Jüngling zu gefallen, und je schöner sie selbst war, desto demütiger und unsicherer war sie jetzt, da sie zum ersten Male eine wahre Neigung gefasst hatte. Aber auch der junge Kaufmann hatte noch nie eine solche Schönheit gesehen oder war wenigstens noch keiner so nahe gewesen und von ihr so freundlich und artig behandelt worden. Da sie nun, wie gesagt, nicht nur schön, sondern auch gut von Herzen und fein von Sitten war, so ist es nicht zu verwundern, dass der offene und frische Jüngling, dessen Herz noch ganz frei und unerfahren war, sich ebenfalls in sie verliebte und das mit aller Kraft und Rückhaltlosigkeit, die in seiner ganzen Natur lag. Aber vielleicht hätte das nie jemand erfahren, wenn er in seiner Einfalt nicht aufgemuntert worden wäre durch des Fräuleins Zutulichkeit, welche er mit heimlichem Zittern und Zagen für eine Erwiderung seiner Liebe zu halten wagte, da er selber keine Verstellung kannte. Doch bezwang er sich einige Wochen und glaubte die Sache zu verheimlichen. Aber jeder sah ihm von weitem an, dass er zum Sterben verliebt war, und wenn er irgend in die Nähe des Fräuleins geriet oder sie nur genannt wurde, so sah man auch gleich, in wen er verliebt war. Er war aber nicht lange verliebt, sondern begann wirklich zu lieben mit aller Heftigkeit seiner Jugend, so dass ihm das Fräulein das Höchste und Beste auf der Welt wurde, an welches er ein für allemal das Heil und den ganzen Wert seiner eigenen Person setzte. Dies gefiel ihr über die Maßen wohl, denn es war in allem, was er sagte oder tat, eine andere Art, als sie bislang erfahren und dies bestärkte und rührte sie so tief, dass sie nun gleichermaßen der stärksten Liebe anheimfiel und nun nicht mehr von einer Wahl für sie die Rede war. Jedermann sah diese Geschichte spielen, und es wurde offen darüber gesprochen und vielfach gescherzt. Dem Fräulein war es höchlich wohl dabei, und indem ihr das Herz vor banger Erwartung zerspringen wollte, half sie den Roman von ihrer Seite doch ein wenig verwickeln und ausspinnen, um ihn recht auszukosten und zu genießen. Denn der junge Mann beging in seiner Verwirrung so köstliche und kindliche Dinge, dergleichen sie niemals erfahren und für sie einmal schmeichelhafter und angenehmer waren als das andere. Er aber in seiner Gradheit und Ehrlichkeit konnte es nicht lange so aushalten, da jeder darauf anspielte und sich einen Scherz erlaubte, so schien es ihm eine Komödie zu werden, als deren Gegenstand ihm seine Geliebte viel zu gut und heilig war, und was ihr ausnehmend behagte, das machte ihn bekümmert, ungewiss und verlegen um sie selber. Auch glaubte er sie zu beleidigen und zu hintergehen, wenn er da lange eine so heftige Leidenschaft zu ihr herumtrüge und unaufhörlich an sie denke, ohne dass sie eine Ahnung davon habe, was doch gar nicht schicklich sei und ihm selber nicht recht! Daher sah man ihm eines Morgens von weitem an, dass er etwas vorhatte, und er bekannte ihr seine Liebe in einigen Worten, um es einmal und nie zum zweitenmal zu sagen, wenn er nicht glücklich sein sollte. Denn er war nicht gewohnt zu denken, dass ein solches schönes und wohlbeschaffenes Fräulein etwa nicht ihre wahre Meinung sagen und nicht auch gleich zum erstenmal ihr unwiderrufliches Ja oder Nein erwidern sollte. Er war ebenso zart gesinnt als heftig verliebt, ebenso spröde als kindlich und ebenso stolz als unbefangen, und bei ihm galt es gleich auf Tod und Leben, auf Ja oder Nein, Schlag um Schlag. In demselben Augenblicke aber, in welchem das Fräulein sein Geständnis anhörte, das sie so sehnlich erwartet, überfiel sie ihr altes Misstrauen, und es fiel ihr zur unglücklichen Stunde ein, dass ihr Liebhaber ein Kaufmann sei, welcher am Ende nur ihr Vermögen zu erlangen wünsche, um seine Unternehmungen zu erweitern. Wenn er daneben auch ein wenig in ihre Person verliebt sein sollte, so wäre ja das bei ihrer Schönheit kein sonderliches Verdienst und nur um so empörender, wenn sie eine bloße wünschbare Zugabe zu ihrem Golde vorstellen sollte. Anstatt ihm daher ihre Gegenliebe zu gestehen und ihn wohl aufzunehmen, wie sie am liebsten getan hätte, ersann sie auf der Stelle eine neue List, um seine Hingebung zu prüfen, und nahm eine ernste, fast traurige Miene an, indem sie ihm vertraute, wie sie bereits mit einem jungen Mann verlobt sei in ihrer Heimat, welchen sie auf das Allerherzlichste liebe. Sie habe ihm das schon mehrmals mitteilen wollen, da sie ihn, den Kaufmann nämlich, als Freund sehr liebhabe, wie er wohl habe sehen können aus ihrem Benehmen, und sie vertraue ihm wie einem Bruder. Aber die ungeschickten Scherze, welche in der Gesellschaft aufgekommen seien, hätten ihr eine vertrauliche Unterhaltung erschwert. Da er nun aber selbst sie mit seinem braven und edlen Herzen überrascht und dasselbe vor ihr aufgetan, so könne sie ihm für seine Neigung nicht besser danken, als indem sie ihm ebenso offen sich anvertraue. Ja, fuhr sie fort, nur demjenigen könne sie angehören, welchen sie einmal erwählt habe, und nie würde es ihr möglich sein, ihr Herz einem anderen Mannesbilde zuzuwenden, dies stehe mit goldenem Feuer in ihrer Seele geschrieben, und der liebe Mann wisse selbst nicht, wie lieb er ihr sei, so wohl er sie auch kenne! Aber ein trüber Unstern hätte sie betroffen. Ihr Bräutigam sei ein Kaufmann, aber so arm wie eine Maus, darum hätten sie den Plan gefasst, dass er aus den Mitteln der Braut einen Handel begründen solle. Der Anfang sei gemacht und alles auf das Beste eingeleitet, die Hochzeit sollte in diesen Tagen gefeiert werden, da wollte ein unverhofftes Missgeschick, dass ihr ganzes Vermögen plötzlich ihr angetastet und abgestritten wurde und vielleicht für immer verlorengehe, während der arme Bräutigam in nächster Zeit seine ersten Zahlungen zu leisten habe an die Mailänder und venezianischen Kaufleute, worauf sein ganzer Kredit, sein Gedeihen und seine Ehre beruhe, nicht zu sprechen von ihrer Vereinigung und glücklichen Hochzeit! Sie sei in der Eile nach Mailand gekommen, wo sie begüterte Verwandte habe, um da Mittel und Auswege zu finden. Aber zu einer schlimmen Stunde sei sie gekommen, denn nichts wolle sich fügen und schicken, während der Tag immer näherrücke, und wenn sie ihrem Geliebten nicht helfen könne, so müsse sie sterben vor Traurigkeit. Denn es sei der liebste und beste Mensch, den man sich denken könne, und würde sicherlich ein großer Kaufherr werden, wenn ihm geholfen würde, und sie kenne kein anderes Glück mehr auf Erden, als dann dessen Gemahlin zu sein! Als sie diese Erzählung beendet, hatte sich der arme schöne Jüngling schon lange entfärbt und war bleich wie ein weißes Tuch. Aber er ließ keinen Laut der Klage vernehmen und sprach nicht ein

Sterbenswörtchen mehr von sich selbst und von seiner Liebe, sondern fragte bloß traurig, auf wieviel sich denn die eingegangenen Verpflichtungen des glücklich unglücklichen Bräutigams beliefen? Auf zehntausend Goldgulden! antwortete sie noch viel trauriger. Der junge, traurige Kaufherr stand auf, ermahnte das Fräulein, guten Mutes zu sein, da sich gewiss ein Ausweg zeigen werde, und entfernte sich von ihr, ohne dass er sie anzusehen wagte, so sehr fühlte er sich betroffen und beschämt, dass er sein Auge auf eine Dame geworfen, die so treu und leidenschaftlich einen anderen liebte. Denn der Arme glaubte jedes Wort von ihrer Erzählung wie ein Evangelium. Dann begab er sich ohne Säumnis zu seinen Handelsfreunden und brachte sie durch Bitten und Einbüßung einer gewissen Summe dahin, seine Bestellungen und Einkäufe wieder rückgängig zu machen, welche er selbst in diesen Tagen auch grad mit seinen zehntausend Goldgulden bezahlen sollte und worauf er seine ganze Laufbahn bauete, und ehe sechs Stunden verflossen waren, erschien er wieder bei dem Fräulein mit seinem ganzen Besitztum und bat sie um Gottes willen, diese Aushilfe von ihm annehmen zu wollen. Ihre Augen funkelten vor freudiger Überraschung, und ihre Brust pochte wie ein Hammerwerk. Sie fragte ihn, wo er denn dies Kapital hergenommen, und er erwiderte, er habe es auf seinen guten Namen geliehen und würde es, da seine Geschäfte sich glücklich wendeten, ohne Unbequemlichkeit zurückerstatten können. Sie sah ihm deutlich an, dass er log und dass es sein einziges Vermögen und ganze Hoffnung war, welche er ihrem Glücke opferte. Doch stellte sie sich, als glaubte sie seinen Worten. Sie ließ ihren freudigen Empfindungen freien Lauf und tat grausamerweise, als ob diese dem Glücke gälten, nun doch ihren Erwählten retten und heiraten zu dürfen, und sie konnte nicht Worte finden, ihre Dankbarkeit auszudrücken. Doch plötzlich besann sie sich und erklärte, nur unter einer Bedingung die großmütige Tat annehmen zu können, da sonst alles Zureden Unnütz wäre. Befragt, worin diese Bedingung bestehe, verlangte sie das heilige Versprechen, dass er an einem bestimmten Tage sich bei ihr einfinden wolle, um ihrer Hochzeit beizuwohnen und der beste Freund und Gönner ihres zukünftigen Ehegemahls zu werden, sowie der treuste Freund, Schützer und Berater ihrer selbst. Errötend bat er sie, von diesem Begehren abzustehen. Aber umsonst wandte er alle Gründe an, um sie davon abzubringen, umsonst stellte er ihr vor, dass seine Angelegenheiten jetzt nicht erlaubten, nach der Schweiz zurückzureisen, und dass er von einem solchen Abstecher einen erheblichen Schaden erleiden würde. Sie beharrte entschieden auf ihrem Verlangen und schob ihm sogar sein Gold wieder zu, da er sich nicht dazu verstehen wollte. Endlich versprach er es, aber er musste ihr die Hand darauf geben und es ihr bei seiner Ehre und Seligkeit beschwören. Sie bezeichnete ihm genau den Tag und die Stunde, wann er eintreffen solle, und alles dies musste er bei seinen Christenglauben und bei seiner Seligkeit beschwören. Erst dann nahm sie sein Opfer an und ließ den Schatz vergnügt in ihre Schlafkammer tragen, wo sie ihn eigenhändig in ihrer Reisetruhe verschloss und den Schlüssel in den Busen steckte. Nun hielt sie sich nicht länger in Mailand auf, sondern reiste ebenso fröhlich über den Sankt Gotthard zurück, als schwermütig sie hergekommen war. Auf der Teufelsbrücke, wo sie hatte hinabspringen wollen, lachte sie wie eine Unkluge und warf mit hellem Jauchzen ihrer wohlklingenden Stimme einen Granatblütenstrauß in die Reuß, welchen sie vor der Brust trug, kurz, ihre Lust war nicht zu bändigen, und es war die fröhlichste Reise, die je getan wurde. Heimgekehrt öffnete und lüftete sie ihr Haus von oben bis unten und schmückte es, als ob sie einen Prinzen erwartete. Aber zu Häupten ihres Bettes legte sie den Sack mit den zehntausend Goldgulden und legte des Nachts den

Kopf so glückselig auf den harten Klumpen und schlief darauf, wie wenn es das weichste Flaumkissen gewesen wäre. Kaum konnte sie den verabredeten Tag erwarten, wo sie ihn sicher kommen sah, da sie wusste, dass er nicht das einfachste Versprechen, geschweige denn einen Schwur brechen würde, und wenn es ihm um das Leben ginge. Aber der Tag brach an, und der Geliebte erschien nicht, und es vergingen viele Tage und Wochen, ohne dass er von sich hören ließ. Da fing sie an, an allen Gliedern zu zittern und verfiel in die größte Angst und Bangigkeit. Sie schickte Briefe über Briefe nach Mailand, aber niemand wusste ihr zu sagen, wo er geblieben sei. Endlich aber stellte es sich durch einen Zufall heraus, dass der junge Kaufherr aus einem blutroten Stück Seidendamast, welches er von seinem Handelsanfang her im Haus liegen und bereits bezahlt hatte, sich ein Kriegskleid hatte anfertigen lassen und unter die Schweizer gegangen war, welche damals eben im Solde des Königs Franz von Frankreich den Mailändischen Krieg mitstritten. Nach der Schlacht bei Pavia, in welcher so viele Schweizer das Leben verloren, wurde er auf einem Haufen erschlagener Spaniolen liegend gefunden, von vielen tödlichen Wunden zerrissen und sein rotes Seidengewand von unten bis oben zerschlitzt und zerfetzt. Eh' er den Geist aufgab, sagte er einem neben ihm liegenden Seldwyler, der minder übel zugerichtet war folgende Botschaft ins Gedächtnis und bat ihn, dieselbe auszurichten, wenn er mit dem Leben davonkäme: ´Liebstes Fräulein! Obgleich ich Euch bei meiner Ehre, bei meinem Christenglauben und bei meiner Seligkeit geschworen habe, auf Euerer Hochzeit zu erscheinen, so ist es mir dennoch nicht möglich gewesen, Euch nochmals zu sehen und einen andern des höchsten Glückes teilhaftig zu erblicken, das es für mich geben könnte. Dieses habe ich erst in Euerer Abwesenheit verspürt und habe vorher nicht gewusst, welch eine strenge und unheimliche Sache es ist um solche Liebe, wie ich zu Euch habe, sonst würde ich mich zweifelsohne besser davor gehütet haben. Da es aber einmal so ist, so wollte ich lieber meiner weltlichen Ehre und meiner geistlichen Seligkeit verloren und in die ewige Verdammnis eingehen als ein Meineidiger, denn noch einmal in Euerer Nähe erscheinen mit einem Feuer in der Brust, welches stärker und unauslöschlicher ist als das Höllenfeuer und mich dieses kaum wird verspüren lassen. Betet nicht etwa für mich, schönstes Fräulein, denn ich kann und werde nie selig werden ohne Euch, sei es hier oder dort, und somit lebt glücklich und seit gegrüßt.` So hatte in dieser Schlacht, nach welcher König Franziskus sagte: ´Alles verloren, außer der Ehre`, der unglückliche Liebhaber alles verloren, die Hoffnung, die Ehre, das Leben und die ewige Seligkeit, nur die Liebe nicht, die ihn verzehrte. Der Seldwyler kam glücklich davon, und sobald er sich in etwas erholt und außer Gefahr sah, schrieb er die Worte des Umgekommenen getreu auf seine Schreibtafel, um sie nicht zu vergessen, reiste nach Hause, meldete sich bei dem unglücklichen Fräulein und las ihr die Botschaft so steif und kriegerisch vor, wie er zu tun gewohnt war, wenn er sonst die Mannschaft seines Fähnleins verlas, denn es war ein Feldleutnant. Das Fräulein aber zerraufte sich die Haare, zerriss ihre Kleider und begann so laut zu schreien und zu weinen, dass man es die Straße auf und nieder hörte und die Leute zusammenliefen. Sie schleppte wie wahnsinnig die zehntausend Goldgulden herbei, zerstreute sie auf dem Boden, warf sich der Länge nach darauf hin und küsste die glänzenden Goldstücke. Ganz von Sinnen, suchte sie den umherrollenden Schatz zusammenzuraffen und zu umarmen, als ob der verlorene Geliebte darin zugegen wäre. Sie lag Tag und Nacht auf dem Golde und wollte weder Speise noch Trank zu sich nehmen. Unaufhörlich liebkoste und küsste sie das kalte Metall, bis sie mitten in einer Nacht plötzlich aufstand, den Schatz emsig hin und her eilend nach dem Garten trug und dort unter bitteren Tränen in den tiefen Brunnen warf und einen Fluch darüber aussprach, dass er niemals jemand anderm angehören solle."

Als Spiegel so weit erzählt hatte, sagte Pineiß: „Und liegt das schöne Geld noch in dem Brunnen?"

„Ja, wo sollte es sonst liegen?" antwortete Spiegel, „denn nur ich kann es herausbringen und habe es bis zur Stunde noch nicht getan!"

„Ei ja so, richtig!" sagte Pineiß. „Ich habe es ganz vergessen über deiner Geschichte! Du kannst nicht übel erzählen, du Sapperlöter, und es ist mir ganz gelüstig worden nach einem Weibchen, die so für mich eingenommen wäre. Aber sehr schön müsste sie sein! Doch erzähle jetzt schnell noch, wie die Sache eigentlich zusammenhängt!"

„Es dauerte manche Jahre", sagte Spiegel, „bis das Fräulein aus bittern Seelenleiden so weit zu sich kam, dass sie anfangen konnte, die stille alte Jungfer zu werden, als welche ich sie kennenlernte. Ich darf mich berühmen, dass ich ihr einziger Trost und ihr vertrautester Freund geworden bin in ihrem einsamen Leben bis an ihr stilles Ende. Als sie aber dieses herannahen sah, vergegenwärtigte sie sich noch einmal die Zeit ihrer fernen Jugend und Schönheit und erlitt noch einmal mit milderen, ergebenen Gedanken erst die süßen Erregungen und dann die bitteren Leiden jener Zeit, und sie weinte still sieben Tage und Nächte hindurch über die Liebe des Jünglings, deren Genuss sie durch ihr Misstrauen verloren hatte, so dass ihre alten Augen noch kurz vor dem Tode erblindeten. Dann bereute sie den Fluch, welchen sie über jenen Schatz ausgesprochen, und sagte zu mir, indem sie mich mit dieser wichtigen Sache beauftragte: 'Ich bestimme nun anders, lieber Spiegel und gebe dir die Vollmacht, dass du meine Verordnung vollziehest. Sieh dich um und suche, bis du eine bildschöne, aber unbemittelte Frauensperson findest, welcher es ihrer Armut wegen an Freiern gebricht! Wenn sich dann ein verständiger, rechtlicher und hübscher Mann finden sollte, der sein gutes Auskommen hat und die Jungfrau ungeachtet ihrer Armut, nur allein von ihrer Schönheit bewegt, zur Frau begehrt, so soll dieser Mann mit den stärksten Eiden sich verpflichten, derselben so treu, aufopfernd und unabänderlich ergeben zu sein, wie es mein unglücklicher Liebster gewesen ist, und dieser Frau sein Leben lang in allen Dingen zu willfahren. Dann gib der Braut die zehntausend Goldgulden, welche im Brunnen liegen, zur Mitgift, dass sie ihren Bräutigam am Hochzeitsmorgen damit überrasche!` So sprach die Selige, und ich habe meiner widrigen Geschicke wegen versäumt, dieser Sache nachzugehen, und muss nun befürchten, dass die Arme deswegen im Grabe noch beunruhigt sei, was für mich eben auch nicht die angenehmsten Folgen haben kann!"

Pineiß sah den Spiegel misstrauisch an und sagte: „Wärst du wohl imstande, Bürschchen, mir den Schatz ein wenig nachzuweisen und augenscheinlich zu machen?"

„Zu jeder Stunde!" versetzte Spiegel, „aber Ihr müsst wissen, Herr Stadthexenmeister, dass Ihr das Gold nicht etwa so ohne weiteres herausfischen dürftet. Man würde Euch unfehlbar das Genick umdrehen, denn es ist nicht ganz geheuer in dem Brunnen, ich habe darüber bestimmte Inzichten, welche ich aus Rücksichten nicht näher berühren darf!"

„Hei, wer spricht denn von Herausholen?" sagte Pineiß etwas furchtsam, „führe mich einmal hin und zeige mir den Schatz! Oder vielmehr will ich dich führen an einem guten Schnürlein, damit du mir nicht entwischest!"

„Wie Ihr wollt!" sagte Spiegel. „Aber nehmt auch eine andere lange Schnur mit und eine Blendlaterne, welche Ihr daran in den Brunnen hinablassen könnt, denn der ist sehr tief und dunkel!" Pineiß befolgte diesen Rat und führte das muntere Kätzchen nach dem Garten jener Verstorbenen. Sie überstiegen miteinander die Mauer, und Spiegel zeigte dem Hexer den Weg zu dem alten Brunnen, welcher unter verwildertem Gebüsche verborgen war. Dort ließ Pineiß sein Laternchen hinunter, begierig nachblickend, während er den angebundenen Spiegel nicht von der Hand ließ. Aber richtig sah er in der Tiefe das Gold funkeln unter dem grünlichen Wasser und rief: „Wahrhaftig, ich seh's, es ist wahr! Spiegel, du bist ein Tausendskerl!" Dann guckte er wieder eifrig hinunter und sagte: „Mögen es auch zehntausend sein?"

„Ja, das ist nun nicht zu schwören!" sagte Spiegel, „ich bin nie da unten gewesen und hab's nicht gezählt! Ist auch möglich, dass die Dame dazumal einige Stücke auf dem Wege verloren hat, als sie den Schatz hierhertrug, da sie in einem sehr aufgeregten Zustande war."

„Nun, seien es auch ein Dutzend oder mehr weniger!" sagte Herr Pineiß, „es soll mir darauf nicht ankommen!" Er setzte sich auf den Rand des Brunnens, Spiegel setzte sich auch nieder und leckte sich das Pfötchen. „Da wäre nun der Schatz!" sagte Pineiß, indem er sich hinter den Ohren kratzte, „und hier wäre auch der Mann dazu, fehlt nur noch das bildschöne Weib!"

„Wie?" sagte Spiegel.

„Ich meine, es fehlt nur noch diejenige, welche die Zehntausend als Mitgift bekommen soll, um mich damit zu überraschen am Hochzeitmorgen, und welche alle jene angenehmen Tugenden hat, von denen du gesprochen!"

„Hm!" versetzte Spiegel, „die Sache verhält sich nicht ganz so, wie Ihr sagt! Der Schatz ist da, wie Ihr richtig einseht. Das schöne Weib habe ich, um es aufrichtig zu gestehen, allbereits auch schon ausgespürt. Aber mit dem Mann, der sie unter diesen schwierigen Umständen heiraten möchte, da hapert es eben, denn heutzutage muss die Schönheit obenein vergoldet sein wie die Weihnachtsnüsse, und je hohler die Köpfe werden, desto mehr sind sie bestrebt, die Leere mit einigem Weibergut nachzufüllen, damit sie die Zeit besser zu verbringen vermögen. Da wird dann mit wichtigem Gesicht ein Pferd besehen und ein Stück Sammet gekauft, mit Laufen und Rennen eine gute Armbrust bestellt, und der Büchsenschmied kommt nicht aus dem Hause. Da heißt es, ich muss meinen Wein einheimsen und meine Fässer putzen, meine Bäume putzen lassen und mein Dach decken, ich muss meine Frau ins Bad schicken, sie kränkelt und kostet mich viel Geld, und muss mein Holz fahren lassen und mein Ausstehendes eintreiben, ich habe ein paar Windspiele gekauft und meine Bracken vertauscht, ich habe einen schönen eichenen Ausziehtisch eingehandelt und meine große Nussbaumlade drangegeben, ich habe meine Bohnenstangen geschnitten, meinen Gärtner fortgejagt, mein Heu verkauft und mein Salat gesäet, immer mein und mein vom Morgen bis zu Abend. Manche sagen sogar: ich habe meine Wäsche die nächste Woche, ich muss meine Betten sonnen, ich muss eine Magd dingen und einen neuen Metzger haben, denn den alten will ich abschaffen. Ich habe ein allerliebstes Waffeleisen erstanden, durch Zufall, und habe mein silbernes Zimmetbüchschen verkauft, es war mir so nichts nütze, alles das sind wohlverstanden die Sachen der Frau, und so verbringt ein solcher Kerl die Zeit und stiehlt unserm Herrgott den Tag ab, indem er alle diese Verrichtungen aufzählt, ohne einen Streich zu tun. Wenn es hoch kommt und ein solcher Patron sich etwa ducken muss, so wird er vielleicht sagen: unsere Kühe und unsere Schweine, aber ..."

Pineiß riss den Spiegel an der Schnur, dass er „miau!" schrie, und rief: „Genug, du Plappermaul! Sag jetzt unverzüglich: wo ist sie, von der du weißt?" Denn die Aufzählung aller dieser Herrlichkeiten und Verrichtungen, die mit einem Weibergute verbunden sind, hatte dem dürren

Hexenmeister den Mund nur noch wässeriger gemacht. Spiegel sagte erstaunt: „Wollt Ihr denn wirklich das Ding unternehmen, Herr Pineiß?"
„Versteht sich, will ich! Wer sonst als ich? Drum heraus damit: wo ist diejenige?"
„Damit Ihr hingehen und sie freien könnt?"
„Ohne Zweifel!"
„So wisset, die Sache geht nur durch meine Hand! Mit mir müsst Ihr sprechen, wenn Ihr Geld und Frau wollt!" sagte Spiegel kaltblütig und gleichgültig und fuhr sich mit den beiden Pfoten eifrig über die Ohren, nachdem er sie jedesmal ein bisschen nass gemacht.
Pineiß besann sich sorgfältig, stöhnte ein bisschen und sagte: „Ich merke, du willst unsern Kontrakt aufheben und deinen Kopf salvieren!"
„Schiene Euch das so uneben und unnatürlich?"
„Du betrügst mich am Ende und belügst mich wie ein Schelm!"
„Dies ist auch möglich!" sagte Spiegel.
„Ich sage dir: betrüge mich nicht!" rief Pineiß gebieterisch.
„Gut, so betrüge ich Euch nicht!" sagte Spiegel.
„Wenn du's tust!"
„So tu' ich's."
„Quäle mich nicht, Spiegelchen!" sprach Pineiß beinahe weinerlich, und Spiegel erwiderte jetzt ernsthaft: „Ihr seid ein wunderbarer Mensch, Herr Pineiß! Da haltet Ihr mich an einer Schnur gefangen und zerrt daran, dass mir der Atem vergeht! Ihr lasset das Schwert des Todes über mir schweben seit länger als zwei Stunden, was sag' ich, seit einem halben Jahre! Und nun sprecht Ihr: Quäle mich nicht, Spiegelchen!
Wenn Ihr erlaubt, so sage ich Euch in Kürze: Es kann mir nur lieb sein, jene Liebespflicht gegen die Tote doch noch zu erfüllen und für das bewusste Frauenzimmer einen tauglichen Mann zu finden, und Ihr scheint mir allerdings

in aller Hinsicht zu genügen. Es ist keine Leichtigkeit, ein Weibstück wohl unterzubringen, so sehr dies auch scheint, und ich sage noch einmal: ich bin froh, dass Ihr Euch hierzu bereitfinden lasset! Aber umsonst ist der Tod! Eh' ich ein Wort weiter spreche, einen Schritt tue, ja, eh' ich nur den Mund noch einmal aufmachte, will ich erst meine Freiheit wiederhaben und mein Leben versichert! Daher nehmt diese Schnur weg und legt den Kontrakt hier auf den Brunnen, hier auf diesen Stein, oder schneidet mir den Kopf ab, eins von beiden!"

„Ei du Tollhäusler und Obenhinaus!" sagte Pineiß. „Du Hitzkopf, so streng wird es nicht gemeint sein? Das will ordentlich besprochen sein und muss jedenfalls ein neuer Vertrag geschlossen werden!"

Spiegel gab keine Antwort mehr und saß unbeweglich da, ein, zwei und drei Minuten. Da ward dem Meister bänglich, er zog seine Brieftasche hervor, klaubte seufzend den Schein heraus, las ihn noch einmal durch und legte ihn dann zögernd vor Spiegel hin. Kaum lag das Papier dort, so schnappte es Spiegel auf und verschlang es. Und obgleich er heftig daran zu würgen hatte, so dünkte es ihn doch die beste und gedeihlichste Speise zu sein, die er je genossen, und er hoffte, dass sie ihm noch auf lange wohlbekommen und ihn rundlich und munter machen würde. Als er mit der angenehmen Mahlzeit fertig war, begrüßte er den Hexenmeister höflich und sagte: „Ihr werdet unfehlbar von mir hören, Herr Pineiß, und Weib und Geld sollen Euch nicht entgehen. Dagegen macht Euch bereit, recht verliebt zu sein, damit Ihr jene Bedingungen einer unverbrüchlichen Hingebung an die Liebkosungen Eurer Frau, die schon so gut wie Euer ist, ja beschwören und erfüllen könnt! Und hiermit bedanke ich mich des vorläufigen für genossene Pflege und Beköstigung und beurlaube mich!"

Somit ging Spiegel seines Weges und freute sich über die Dummheit des Hexenmeisters, welcher glaubte sich selbst und alle Welt betrügen zu können, indem er ja die gehoffte Braut nicht uneigennützig, aus bloßer Liebe zur Schönheit ehelichen wollte, sondern den Umstand mit den zehntausend Goldgulden vorher wusste. Indessen hatte er schon eine Person im Auge, welche er dem törichen Hexenmeister aufzuhalsen gedachte für seine gebratenen Krammetsvögel, Mäuse und Würstchen.

Dem Hause des Herrn Pineiß gegenüber war ein anderes Haus, dessen vordere Seite auf das sauberste geweißt war und dessen Fenster immer frisch gewaschen glänzten. Die bescheidenen Fenstervorhänge waren immer schneeweiß und wie soeben geplättet, und ebenso weiß war der Habit und das Kopf- und Halstuch einer alten Beghine, welche in dem Hause wohnte, also dass ihr nonnenartiger Kopfputz, der ihre Brust bekleidete, immer wie aus Schreibpapier gefaltet aussah, so dass man gleich darauf hätte schreiben mögen. Das hätte man wenigstens auf der Brust bequem tun können, da sie so eben und so hart war wie ein Brett. So scharf die weißen Kanten und Ecken ihrer Kleidung, so scharf war auch die lange Nase und das Kinn der Beghine, ihre Zunge und der böse Blick ihrer Augen. Doch sprach sie nur wenig mit der Zunge und blickte wenig mit den Augen, da sie die Verschwendung nicht liebte und alles nur zur rechten Zeit und mit Bedacht verwendete. Alle Tage ging sie dreimal in die Kirche, und wenn sie in ihrem frischen, weißen und knitternden Zeuge und mit ihrer weißen spitzigen Nase über die Straße ging, liefen die Kinder furchtsam davon und selbst erwachsene Leute traten gern hinter die Haustüre, wenn es noch Zeit war. Sie stand aber wegen ihrer strengen Frömmigkeit und Eingezogenheit in großem Rufe und besonders bei der Geistlichkeit in hohem Ansehen, aber selbst die Pfaffen verkehrten lieber schriftlich mit ihr als mündlich, und wenn sie beichtete, so schoss der Pfarrer jedesmal so schweißtriefend aus dem Beichtstuhl heraus, als ob er aus einem Backofen käme.

So lebte die fromme Beghine, die keinen Spaß verstand, in tiefem Frieden und blieb ungeschoren. Sie machte sich auch mit niemand zu schaffen und ließ die Leute gehen, vorausgesetzt, dass sie ihr aus dem Wege gingen. Nur auf ihren Nachbar Pineiß schien sie einen besonderen Hass geworfen zu haben, denn so oft er sich an seinem Fenster blicken ließ, warf sie ihm einen bösen Blick hinüber und zog augenblicklich ihre weißen Vorhänge vor, und Pineiß fürchtete sie wie das Feuer und wagte nur zuhinterst in seinem Hause, wenn alles gut verschlossen war, etwa einen Witz über sie zu machen. So weiß und hell aber das Haus der Beghine nach der Straße zu aussah, so schwarz und räucherig, unheimlich und seltsam sah es von hinten aus, wo es jedoch fast gar nicht gesehen werden konnte als von den Vögeln des Himmels und den Katzen auf den Dächern, weil es in eine dunkle Winkelei von himmelhohen Brandmauern ohne Fenster hineingebaut war, wo nirgends ein menschliches Gesicht sich sehen ließ. Unter dem Dache dort hingen alte zerrissene Unterröcke, Körbe und Kräutersäcke, auf dem Dache wuchsen ordentliche Eibenbäumchen und Dornsträucher, und ein großer, rußiger Schornstein ragte unheimlich in die Luft. Aus diesem Schornstein aber fuhr in der dunklen Nacht nicht selten eine Hexe auf ihrem Besen in die Höhe, jung und schön und splitternackt, wie Gott die Weiber geschaffen und der Teufel sie gern sieht. Wenn sie aus dem Schornstein fuhr, so schnupperte sie mit dem feinsten Näschen und mit lächelnden Kirschenlippen in der frischen Nachtluft und fuhr in dem weißen Scheine ihres Leibes dahin, indes ihr langes, rabenschwarzes Haar wie eine Nachtfahne hinter ihr herflatterte. In einem Loch am Schornstein saß ein alter Eulenvogel, und zu diesem begab sich jetzt der befreite Spiegel, eine fette Maus im Maule, die er unterwegs gefangen.

„Wünsch' guten Abend, liebe Frau Eule! Eifrig auf der Wacht?“ sagte er, und die Eule erwiderte:

„Muss wohl! Wünsch' gleichfalls guten Abend! Ihr habt Euch lange nicht sehen lassen, Herr Spiegel!"
„Hat seine Gründe gehabt, werde Euch das erzählen. Hier habe ich Euch ein Mäuschen gebracht, schlecht und recht, wie es die Jahreszeit gibt, wenn Ihr's nicht verschmähen wollt! Ist die Meisterin ausgeritten?"
„Noch nicht, sie will erst gegen Morgen auf ein Stündchen hinaus. Habt Dank für die schöne Maus! Seid doch immer der höfliche Spiegel! Habe hier einen schlechten Sperling zur Seite gelegt, der mir heut zu nahe flog, wenn Euch beliebt, so kostet den Vogel! Und wie ist es Euch denn ergangen?"
„Fast wunderlich", erwiderte Spiegel, „sie wollten mir an den Kragen. Hört, wenn es Euch gefällig ist." Während sie nun vergnüglich ihr Abendessen einnahmen, erzählte Spiegel der aufmerksamen Eule alles, was ihn betroffen und wie er sich aus den Händen des Herrn Pineiß befreit habe.
Die Eule sagte: „Da wünsch' ich tausendmal Glück, nun seid Ihr wieder ein gemachter Mann und könnt gehen, wo Ihr wollt, nachdem Ihr mancherlei erfahren!"
„Damit sind wir noch nicht zu Ende", sagte Spiegel, „der Mann muss seine Frau und seine Goldgulden haben!"
„Seid Ihr von Sinnen, dem Schelm noch wohlzutun, der Euch das Fell abziehen wollte?"
„Ei, er hat es doch rechtlich und vertragsmäßig tun können, und da ich ihn in gleicher Münze wieder bedienen kann, warum sollt' ich es unterlassen? Wer sagt denn, dass ich ihm wohltun will? Jene Erzählung war eine reine Erfindung von mir, meine in Gott ruhende Meisterin war eine simple Person, welche in ihrem Leben nie verliebt, noch von Anbetern umringt war, und jener Schatz ist ein ungerechtes Gut, das sie einst ererbt und in den Brunnen geworfen hat, damit sie kein Unglück daran erlebe. 'Verflucht sei, wer es da herausnimmt und verbraucht`, sagte sie. Es macht sich also in betreff des Wohltuns!"

„Dann ist die Sache freilich anders! Aber nun, wo wollt Ihr die entsprechende Frau hernehmen?"
„Hier aus diesem Schornstein! Deshalb bin ich gekommen, um ein vernünftiges Wort mit Euch zu reden! Möchtet Ihr denn nicht einmal wieder frei werden aus den Banden dieser Hexe? Sinnt nach, wie wir sie fangen und mit dem alten Bösewicht verheiraten!"
„Spiegel, Ihr braucht Euch nur zu nähern, so weckt Ihr mir ersprießliche Gedanken."
„Das wusst' ich wohl, dass Ihr klug seid! Ich habe das Meinige getan, und es ist besser, dass Ihr auch Euren Senf dazugebt und neue Kräfte vorspannt, so kann es gewiss nicht fehlen!"
„Da alle Dinge so schön zusammentreffen, so brauche ich nicht lang zu sinnen, mein Plan ist längst gemacht!"
„Wie fangen wir sie?"
„Mit einem neuen Schnepfengarn aus guten, starken Hanfschnüren. Geflochten muss es sein von einem zwanzigjährigen Jägerssohn, der noch kein Weib angesehen hat, und es muss schon dreimal der Nachttau daraufgefallen sein, ohne dass sich eine Schnepfe gefangen. Der Grund aber hiervon muss dreimal eine gute Handlung sein. Ein solches Netz ist stark genug, die Hexe zu fangen."
„Nun bin ich neugierig, wo Ihr ein solches hernehmt", sagte Spiegel, „denn ich weiß, dass Ihr keine vergeblichen Worte schwatzt!"

„Es ist auch schon gefunden, wie für uns gemacht. In einem Walde nicht weit von hier sitzt ein zwanzigjähriger Jägerssohn, welcher noch kein Weib angesehen hat, denn er ist blind geboren. Deswegen ist er auch zu nichts zu gebrauchen als zum Garnflechten, und hat vor einigen Tagen ein neues, sehr schönes Schnepfengarn zustande gebracht. Aber als der alte Jäger es zum ersten Male ausspannen wollte, kam ein Weib daher, welches ihn zur Sünde verlocken wollte. Es war aber so hässlich, dass der alte Mann voll Schreckens davonlief und das Garn am Boden liegen ließ. Darum ist ein Tau daraufgefallen, ohne dass sich eine Schnepfe fing, und war also eine gute Handlung daran schuld. Als er des anderen Tages hinging, um das Garn abermals auszuspannen, kam eben ein Reiter daher, welcher einen schweren Mantelsack hinter sich hatte. In diesem war ein Loch, aus welchem von Zeit zu Zeit ein Goldstück auf die Erde fiel. Da ließ der Jäger das Garn abermals liegen und lief eifrig hinter dem Reiter her und sammelte die Goldstücke in seinen Hut, bis der Reiter sich umkehrte, es sah und voll grimm seine Lanze auf ihn richtete. Da bückte der Jäger sich erschrocken, reichte ihm den Hut dar und sagte: ´Erlaubt, gnädiger Herr, Ihr habt hier viel Gold verloren, das ich Euch sorgfältig aufgelesen!` Dies war wiederum eine gute Handlung, in dem das ehrliche Finden eine der schwierigsten und besten ist. Er war aber so weit von dem Schnepfengarn entfernt, dass er es die zweite Nacht im Walde liegen ließ und den nähern Weg nach Hause ging. Am dritten Tag endlich, nämlich gestern, als er eben wieder auf dem Wege war, traf er eine hübsche Gevattersfrau an, die dem Alten um den Bart zu gehen pflegte und der er schon manches Häslein geschenkt hat. Darüber vergaß er die Schnepfen gänzlich und sagte am Morgen: ´Ich habe den armen Schnepflein das Leben geschenkt, auch gegen Tiere muss man barmherzig sein!` Und um dieser drei guten Handlungen willen fand er, dass

er jetzt zu gut sei für diese Welt, und ist heute vormittag bei Zeiten in ein Kloster gegangen. So liegt das Garn noch ungebraucht im Walde, und ich darf es nur holen."
„Holt es geschwind!" sagte Spiegel „es wird gut sein zu unserem Zweck!"
„Ich will es holen", sagte die Eule, „steht nur so lang Wache für mich in diesem Loch, und wenn etwa die Meisterin den Schornstein hinaufrufen sollte, ob die Luft rein sei? so antwortet, indem ihr meine Stimme nachahmt: ´Nein, es stinkt noch nicht in der Fechtschul`!" Spiegel stellte sich in die Nische, und die Eule flog still über die Stadt weg in den Wald. Bald kam sie mit dem Schnepfengarn zurück und fragte: „Hat sie schon gerufen?"
„Noch nicht!" sagte Spiegel.
Da spannten sie das Garn aus über den Schornstein und setzten sich daneben still und klug. Die Luft war dunkel, und es ging ein leichtes Morgenwindchen, in welchem ein paar Sternbilder flackerten. „Ihr sollt sehen", flüsterte die Eule, „wie geschickt die durch den Schornstein heraufzusäuseln versteht, ohne sich die blanken Schultern schwarz zu machen!"
„Ich hab sie noch nie so nah gesehen", erwiderte Spiegel leise, „wenn sie uns nur nicht zu fassen kriegt!"
Da rief die Hexe von unten: „Ist die Luft rein?"
Die Eule rief: „Ganz rein, es stinkt herrlich in der Fechtschul'!" Und alsobald kam die Hexe heraufgefahren und wurde in dem Garne gefangen, welches die Katze und die Eule eiligst zusammenzogen und verbanden. „Halt fest!" sagte Spiegel, „und binde gut!" die Eule.
Die Hexe zappelte und tobte mäuschenstill, wie ein Fisch im Netz, aber es half ihr nichts, und das Garn bewährte sich auf das Beste. Nur der Stiel ihres Besens ragte durch die Maschen. Spiegel wollte ihn sachte herausziehen, erhielt aber einen solchen Nasenstüber, dass er beinahe in Ohnmacht fiel und einsah, wie man auch einer Löwin im

Netz nicht zu nahe kommen dürfe.
Endlich hielt sich die Hexe still und sagte: „Was wollt ihr denn von mir, ihr wunderlichen Tiere?"
„Ihr sollt mich aus Eurem Dienste entlassen und meine Freiheit zurückgeben!" sagte die Eule.
„Soviel Geschrei und wenig Wolle!" sagte die Hexe, „du bist frei, mach' dies Garn auf!"
„Noch nicht!" sagte Spiegel, der immer noch seine Nase rieb, „Ihr müsst Euch verpflichten, den Stadthexenmeister Pineiß, Euren Nachbar, zu heiraten auf die Weise, wie wir Euch sagen werden, und ihn nicht mehr zu verlassen!"
Da fing die Hexe wieder an zu zappeln und zu prusten wie der Teufel, und die Eule sagte: „Sie will nicht dran!"
Spiegel aber sagte: „Wenn Ihr nicht ruhig seid und alles tut, was wir wünschen, so hängen wir das Garn samt seinem Inhalte da vorn an den Drachenkopf der Dachtraufe, nach der Straße zu, dass man Euch morgen sieht und die Hexe erkennt! Sagt also: wollt ihr lieber unter dem Vorsitze des Herrn Pineiß gebraten werden oder ihn braten, indem Ihr ihn heiratet?"
Da sagte die Hexe mit einem Seufzer: „So sprecht, wie meint ihr die Sache?" Und Spiegel setzte ihr alles zierlich auseinander, wie es gemeint sei und was sie zu tun hätte.
„Das ist allenfalls noch auszuhalten, wenn es nicht anders sein kann!" sagte sie und ergab sich unter den stärksten Formeln, die eine Hexe binden können. Da taten die Tiere das Gefängnis auf und ließen sie heraus. Sie bestieg sogleich den Besen, die Eule setzte sich hinter sie auf den Stiel und Spiegel zuhinterst auf das Reisigbündel und hielt sich da fest, und so ritten sie nach dem Brunnen, in welchen die Hexe hinabfuhr, um den Schatz heraufzuholen.
Am Morgen erschien Spiegel bei Herrn Pineiß und meldete ihm, dass er die bewusste Person ansehen und freien könne. Sie sei aber allbereits so arm geworden, dass sie, gänzlich verlassen und verstoßen, vor dem Tore unter

einem Baum sitze und bitterlich weine. Sogleich kleidete sich Herr Pineiß in sein abgeschabtes, gelbes Samtwämschen, das er nur bei feierlichen Gelegenheiten trug, setzte die bessere Pudelmütze auf und umgürtete sich mit seinem Degen. In die Hand nahm er einen alten grünen Handschuh, ein Balsamfläschchen, worin einst Balsam gewesen und das noch ein bisschen roch, und eine papierne Nelke, worauf er mit Spiegel vor das Tor ging, um zu freien. Dort sah er ein weinendes Frauenzimmer sitzen unter einem Weidenbaum, von so großer Schönheit, wie er noch nie gesehen, aber ihr Gewand war so dürftig und zerrissen, dass, sie mochte sich auch schamhaft gebärden, wie sie wollte, immer da oder dort der schneeweiße Leib ein bisschen durchschimmerte. Pineiß riss die Augen auf und konnte vor heftigem Entzücken kaum seine Bewerbung vorbringen. Da trocknete die Schöne ihre Tränen, gab ihm mit süßem Lächeln die Hand, dankte ihm mit einer himmlischen Glockenstimme für seine Großmut und schwur, ihm ewig treu zu sein. Aber im selben Augenblicke erfüllte ihn eine solche Eifersucht und Neideswut auf seine Braut, dass er beschloss, sie vor keinem menschlichen Auge jemals sehen zu lassen. Er ließ sich bei einem uralten Einsiedler mit ihr trauen und feierte das Hochzeitsmahl in seinem Hause, ohne andere Gäste als Spiegel und die Eule, welche ersterer mitzubringen sich die Erlaubnis erbeten hatte. Die zehntausend Goldgulden standen in einer Schüssel auf dem Tisch, und Pineiß griff zuweilen hinein und wühlte in dem Golde. Dann sah er wieder die schöne Frau an, welche in einem meerblauen Sammetkleide dasaß, das Haar mit einem goldenen Netze umflochten und mit Blumen geschmückt und den weißen Hals mit Perlen umgeben. Er wollte sie fortwährend küssen, aber sie wusste verschämt und züchtig ihn abzuhalten, mit einem verführerischen Lächeln, und schwur, dass sie dieses vor Zeugen und vor Anbruch der Nacht nicht tun würde. Dies machte ihn nur

noch verliebter und glückseliger, und Spiegel würzte das Mahl mit lieblichen Gesprächen, welche die schöne Frau mit den angenehmsten, witzigsten und einschmeichelndsten Worten fortführte, so dass der Hexenmeister nicht wusste, wie ihm geschah vor Zufriedenheit. Als es aber dunkel geworden, beurlaubten sich die Eule und die Katze und entfernten sich bescheiden. Herr Pineiß begleitete sie bis unter die Haustüre mit einem Lichte und dankte dem Spiegel nochmals, indem er ihn einen trefflichen und höflichen Mann nannte, und als er in die Stube zurückkehrte, saß die alte weiße Beghine, seine Nachbarin, am Tisch und sah ihn mit einem bösen Blick an. Entsetzt ließ Pineiß den Leuchter fallen und lehnte sich zitternd an die Wand. Er hing die Zunge heraus, und sein Gesicht war so fahl und spitzig geworden wie das der Beghine. Diese aber stand auf, näherte sich ihm und trieb ihn vor sich her in die Hochzeitkammer, wo sie mit höllischen Künsten ihn auf eine Folter spannte, wie noch kein Sterblicher erlebt. So war er nun mit der Alten unauflöslich verehelicht, und in der Stadt hieß es, als es ruchbar wurde: „Ei seht, wie stille Wasser tief sind! Wer hätte gedacht, dass die fromme Beghine und der Herr Stadthexenmeister sich noch verheiraten würden! Nun, es ist ein ehrbares und rechtliches Paar, wenn auch nicht sehr liebenswürdig!“
Herr Pineiß aber führte von nun an ein erbärmliches Leben. Seine Gattin hatte sich sogleich in den Besitz aller seiner Geheimnisse gesetzt und beherrschte ihn vollständig. Es war ihm nicht die geringste Freiheit und Erholung gestattet, er musste hexen vom Morgen bis zum Abend, was das Zeug halten wollte, und wenn Spiegel vorüberging und es sah, sagte er freundlich: „Immer fleißig, fleißig, Herr Pineiß?“
Seit dieser Zeit sagt man zu Seldwyla: „Er hat der Katze den Schmer abgekauft!“ Besonders wenn einer eine böse und widerwärtige Frau erhandelt hat.

Nach einem alten Volksglauben zehrt die Katze ihr Fett selber auf. Wer es ihr abkaufen will macht einen schlechten Handel.
Der Stadthexenmeister Pineiß aus Seldwyla verspricht dem halbverhungerten Kätzchen Spiegel reichliche Kost, sofern dieses ihm, nachdem es einmal fett geworden sein wird, seinen Schmer überlassen will. Spiegel geht auf den Handel ein, kann sich aber später mit List aus dem üblen Vertrag befreien, indem es den geldgierigen Pineiß mit einer alten Hexe vermählt, die dem Stadthexenmeister als junges Mädchen erscheint, das über eine Mitgift von zehntausend Goldgulden verfügt. Statt des erhofften Schmers hat sich Pineiß nun ein böses Weib eingehandelt und Keller schließt seine Erzählung mit der Bemerkung:
Seit dieser Zeit sagt man zu Seldwyla: Er hat der Katze den Schmer abgekauft - besonders wenn einer eine böse und widerwärtige Frau erhandelt hat.
In diesem Märchen kommt ein weiterer interessanter Aspekt zutage. Es wird auf die Freundschaft zwischen Katze und Eule hingewiesen. Wie die Katze war auch die Eule ein Tier, das den göttlichen Frauen zugeordnet war. Beide sind nachtaktiv und werden auch vom Mond beeinflusst.

III. Die Katze bei Mensch und Tier

Die Katze gilt als undressierbar und weist bis heute ungezähmte Eigenschaften wie Unabhängigkeit, nächtliche Aktivität und scheinbar unmotivierte plötzliche Aggressivität auf. Ihre Beliebtheit wird durch ihre Reinlichkeit, Häuslichkeit, Anschmiegsamkeit und ein weiches Fell gefördert. Zwiespältig, wie die Katze selbst, ist auch die Haltung des Menschen zur Katze und der Aberglaube, der mit ihr zusammenhängt. Ihre positiven Eigenschaften, wie ihre Sauberkeit, werden betont, ihr Schnurren wird sogar gelegentlich als Beten gedeutet. Andererseits wird sie aber auch als faul angesehen, und ihre Freiheitsliebe wird auch als Unberechenbarkeit und Hinterhältigkeit gedeutet. Allgemein herrschte die Ansicht, dass Katzen durch ihr Verhalten, weitaus deutlicher als alle anderen Haustiere, Zukünftiges andeuten.

So bestand der Glaube, dass Besuch ins Haus kommt, wenn die Katze sich putzt und dabei mit der Pfote hinter das Ohr streicht. Putzt sich die Katze das rechte Ohr, so ist mit angenehmem oder vornehmem Besuch zu rechnen. Leckt sie sich allerdings ausdauernd die linke Pfote, bedeutet dies, dass mit unangenehmem Besuch zu rechnen ist. Putzt sich die Katze lange das Gesicht, so ist mit weiblichem Besuch zu rechnen, kümmert sie sich dagegen mehr um ihren Rücken, deutet dies darauf hin, dass ein männlicher Gast kommt. Auch wenn die Katze einen Buckel macht oder sich oft am Tischbein oder am Türpfosten reibt, kommen unverhoffte Gäste.

Für Liebende deutet das ausführliche Putzen und Waschen der Katze auf ein schönes Stelldichein hin. So sagt der

Volksmund: „Wäscht sich's Kätzchen, treff ich's Schätzchen."
Dazu galt die Katze vor allem dem Landwirt als großer Wetterprophet:
Regen gibt es, wenn sie sich ausgiebig wäscht, den Hals verdreht oder sich den Hintern leckt.
Dreht sie immer wieder den Schwanz in Richtung Ofen oder Herd deutet dies auf baldigen Frost hin.
Trinkt die Katze Wasser oder niest öfters, wird bald Schnee fallen.
Leckt sie ihr Fell gegen den Strich, wird es stürmisch, scharrt sie den Boden auf, schlägt das Wetter um.
Der Aberglaube ging sogar so weit, dass man der Ansicht war, durch das eigene Verhalten Katzen gegenüber, könne man das Wetter beeinflussen. Will man an einem bestimmten Tag gutes Wetter, muss man die Katze gut füttern. Braucht man dagegen Regen, so hilft es, wenn man eine Katze ins Wasser wirft.
Auch für Haus und Hof hatte das Verhalten einer Katze große Aussagekraft und Wirkung. So war man der Ansicht, dass wenn sich Katzen über längere Zeit hinweg in der Nähe eines Hauses balgen und raufen, Streit und Unheil dort Einzug halten.
Ein junges Kätzchen galt als schönes Geschenk für Hochzeitsleute. Wenn das frisch vermählte Paar in ihr neues Heim kam, stellten sie als erstes einen Napf mit Milch auf. Trank das Kätzchen sofort daraus, war dies ein günstiges Vorzeichen. Das neue Haus war so schon von einem guten Geist erfüllt. Außerdem glaubte man, dass eine Katze, die ihr Haus und dessen Bewohner liebt, drohendes Unheil in dessen Gegenteil verwandeln könne.

Ein anderer alter Brauch zeigt uns, wie wichtig die Katze im Glauben der Menschen für Haus und Hof war. So war es üblich, bevor man in ein neues Haus einzog, eine Katze durch das Haus zu jagen. Diese zog auf ihrem Weg durch das neue Haus alles Unheil auf sich und nahm es mit sich. Ähnlich ging man vor, wenn im Herbst das Vieh von den Weiden zurück in die Ställe geführt wurde.
Um eine neue Katze an das Haus zu gewöhnen gab es allerlei Mittel. So konnte man ihr ein kleines Stück der Schwanzspitze abschneiden und dieses unter der Türschwelle vergraben, oder sie in einen Spiegel im Haus sehen lassen. Wirksam sollte auch sein, wenn man der Katze an drei aufeinanderfolgenden Abenden die Pfoten mit Butter bestrich, sie dabei dreimal um das Tischbein führte und dazu sprach: „Dreimal ums Bein, Katze bleib daheim!"
Um das Haus vor Blitzschlag zu schützen, befestigte man am Giebel gerne ein Katzenfell. Man war sich sicher, dass dieses den Blitz auf magische Weise ableitete und so das Haus behütet wurde.
Ein schlechtes Vorzeichen war es, wenn Katzen in der Nähe des Hauses lange klagend miauen. Dies deutete nach allgemeinem Glauben darauf hin, dass bald ein Todesfall im Hause zu beklagen sein wird. Auch sollte man sich davor hüten, nachts aus dem Fenster zu schauen, wenn die Katzen laut miauen. Denn wenn einen die Katze dann ansah, war die Gefahr groß, dass man einen geschwollenen Arm oder ein geschwollenes Gesicht bekam. Der nächtliche Blick der Katzen war gefährlich für den Menschen, unheimlich und gespensterhaft. Aber auch wer am Tage längere Zeit von einer Katze gemustert wird, sollte

dies eher als ungünstiges Vorzeichen werten. So glaubte man, dass man gescholten wird, wenn man von einer Katze angeschaut wird, während diese sich wäscht. Streckt die Katze dabei auch noch die Hinterbeine lange, so musste man auch noch mit Schlägen rechnen.
Wollte jemand einem frisch vermählten Paar Böses antun, so band er zwei Katzen an den Schwänzen zusammen und ließ diese dem Paar über den Weg laufen. Da die beiden Katzen sich natürlich stritten, kratzten und bissen, hatte dies zur Wirkung, dass die Ehe genauso unglücklich wurde, wie ihnen das von den beiden gequälten Katzen vorgemacht wurde. Wem allerdings eine Katze am Hochzeitstag bis zur Kirche nachlief, dem wurde besonders viel Glück und Zufriedenheit für die Ehe vorhergesagt.
Allgemein war man der Ansicht, dass Mädchen, die Katzen halten und sie gut pflegen, eine glückliche Ehe haben werden.
Männern dagegen, die Katzen grob behandeln, wurde vorhergesagt, dass sie dereinst ein böses Weib zur Frau bekommen werden.
Lief einem Mädchen auf dem Weg zum Tanz eine gefleckte Katze hinterher, glaubte man, dass sie bald einen Mann bekommen und heiraten würde.
Eine alte Bauernweisheit sagt, dass eine Katze, für die man etwas bezahlt hat, keine Mäuse fängt.
Nach einer anderen Bauernregel durfte man eine schwarze Katze, die einem zulief, nicht davonjagen, da sonst Unheil ins Haus kommt. „Die schwarze Katz, das schwarze Huhn, soll kein Bauer aus dem Hause tun."
Fuhrleute nahmen keine Katzen auf dem Wagen mit, denn sie glaubten, dass dadurch die Pferde schneller ermüden,

und bei den Seeleuten herrschte der Glaube, es gäbe Sturm, wenn man eine Katze vom Schiff aus ins Meer wirft. In den Keller-Wirtschaften von Bern nahmen bis ins letzte Jahrhundert die wilden Fastnachtsbräuche ihren Ausgang. Wie die Tiere in den Hinterhöfen ließen auch die Menschen in den Straßen lärmende „Katzenmusik" ertönen. Das Fest enthielt eine Reihe von Andeutungen auf die gleichzeitige Brunstzeit auf den Dächern. Man spielte bei solchen Umzügen im Februar überhaupt gerne Kater und Katze: Wer sich in den Masken besonders auszutoben verstand, der sollte das ganze kommende Jahr „keinen Tag älter werden."

Der Kater Johann

Es war einmal eine alte Hexe, die wohnte tief im Wald in einer Höhle. Darin hauste sie mit ihrem einzigen Diener, einem schwarzen Kater, der Johann hieß. Was es im Haus zu tun gab, musste der Kater Johann besorgen, Kochen und Braten, Waschen und Fegen, aber die meiste Zeit trieb er sich im Wald herum und jagte Wild für die Hexe. Eines Tages hörte er es im Buschwerk rascheln, er dachte, es sei eine Maus oder ein Wiesel und sprang mit einem Satz darauf zu, aber es war ein neugeborenes Knäblein. Dem Kater Johann tat das arme Kind leid. Er hob es auf, legte es in seine Jagdtasche und nahm es mit sich nach Hause.
„Aber, Johann", sagte die Hexe, als sie das Kind sah, „da hast du dir etwas Schönes aufgebunden! Nun, da du es gebracht hast, wollen wir es großziehen, doch du musst sein Lehrer sein."
Da war der Kater zufrieden, und die Alte machte dem Kind ein Kleidchen von Lumpen und gab ihm einen kräftigen Tee zu trinken, und wenn es satt war, musste der Kater Johann mit ihm spielen, bis es müde wurde und einschlief.
Nachdem der Junge sechs Jahre alt geworden war, lehrte ihn der Kater schreiben, rechnen und lesen. Der Knabe konnte sich alles so gut merken und war so gelehrig, dass ihm sein Lehrmeister mit dem vierzehnten Jahr nichts mehr beizubringen vermochte.
„Mit den Wissenschaften sind wir fertig", sprach die Hexe, „nun geht es an andere Künste."
Dem Kater gab sie einen Besenstiel und dem Jungen die Ofengabel und befahl ihnen, dieselben zwischen die Beine zu nehmen. Bald wurden aus dem Besenstiel und der Ofengabel die schönsten Pferde, und die Stöcke, die ihnen die Hexe zuvor in die Hand gegeben, verwandelten sich zu blitzblanken Schwertern. Nun mussten sie reiten und fech-

ten lernen, und das übten sie tagaus, tagein, bis sie die Kunst verstanden.

„Jetzt geht's ans Schießen", sagte die Alte und reichte dem Jungen und dem Kater einen Holzscheit. Sogleich wurden daraus die trefflichsten Gewehre, und der Kater lernte seinen Zögling so gut an, dass er einer Mücke auf hundert Schritt die Beine unter dem Leib wegschoss.

Endlich hatte der Junge ausgelernt. Da trat eines Morgens, als er aufwachte, die alte Hexe an sein Bett und sprach zu ihm: „Du musst in die Welt hinaus, um Land und Leute kennenzulernen. Steh auf, draußen sind zwei Pferde, eins für dich und eins für den Kater."

Das gefiel dem Jungen, und er griff nach seinen Kleidern, doch da lag statt der Lumpen ein herrliches Prinzengewand auf dem Stuhl. Und als er aus der Höhle heraustrat, da standen zwei prächtige Pferde vor der Tür am Pfosten und scharrten mit den Hufen den Boden. Auf das eine schwang sich der Junge, auf das andere der Kater Johann. Aber ehe sie fortritten, packte die Hexe den Kater am Schwanz und sprach zu ihm: „Johann, dass du mir auf den Jungen Acht gibst! Wenn ihm auch nur ein Haar gekrümmt wird, kostet es dich dein Leben."

Der Kater versprach, gut auf den Jungen aufzupassen, dann gaben sie den Rossen die Sporen und ritten auf und davon, von einer Stadt zur andern und von einem Dorf zum andern. Drei Wochen blieben sie hier, drei Wochen dort, und wo irgendein Kampf war oder ein Krieg, half der Junge dem Schwächeren. Und weil ihn der Kater Johann beschützte, blieb er überall siegreich. Wegen seiner Stärke und Tapferkeit und weil er zottig am ganzen Körper war, wurde er nur Bärenritter genannt. Endlich ließ es aber dem Jungen keine Ruhe mehr in der Fremde, und er kehrte mit dem Kater in die Waldhöhle zu der alten Hexe zurück.

Nachdem er eine Zeitlang dort gewohnt hatte, sagte die Hexe zu ihm: „Der König des Landes liegt mit seinem Nach-

barn im Krieg, und wenn ihm niemand beisteht, so ist er verloren."
„Da möchte ich ihm wohl helfen", sagte der Bärenritter, „wenn ich nur dürfte."
„Gewiss darfst du", sagte die alte Hexe. „Wozu habe ich dich denn großgezogen und alle Künste lernen lassen."
Darauf gab sie dem Bärenritter ein goldenes Prinzengewand, und nachdem er sich das angelegt hatte, verwandelte sie den Kater in einen schwarzen Hengst und sprach zu ihm: „Du sollst während des Krieges für den Jungen sorgen, und wenn ihm ein Leid geschieht, will ich es dreifach an dir rächen."
Da wieherte Johann laut auf zum Zeichen, dass er die alte Hexe verstanden hatte. Der Bärenritter aber setzte sich auf seinen Rücken, und fort ging es, im Hui über Stock und Stein, bald über der Erde, bald unter der Erde, bis sie auf das Schlachtfeld gelangten, wo des Königs Soldaten schon in hellen Scharen flohen. Er stürzte sich auf die Feinde, und wo er hinschlug, da flogen die Köpfe, und wo er hinschoss, floss Blut, und es dauerte gar nicht lange, da begannen die Feinde zu weichen, und noch ein Weilchen, da steckten sie eine weiße Fahne auf und baten um Waffenruhe. Die Bitte wurde ihnen gewährt, und der König zog mit dem Bärenritter auf sein Schloss und gab ihm zu Ehren ein großes Fest.
Dabei sah er des Königs einzige Tochter, die war über die Maßen schön, und er verliebte sich in sie, und der Prinzessin erging es ebenso. Der König bemerkte es wohl, aber er wollte noch nichts von Hochzeit sagen, bis die Feinde ganz besiegt wären.
Als nun der Bärenritter dem König auch in der zweiten Schlacht beigestanden und zum Sieg verholfen hatte, da sprach dieser zu ihm: „Du sollst meine Tochter zur Frau bekommen und nach meinem Tode König in meinem Reich sein."

Da antwortete der Bärenritter: „Ich tue es gerne, doch habe ich eine alte Mutter zu Hause, die muss ich zuvor um Erlaubnis fragen."
Das konnte ihm der König nicht verwehren, und der Bärenritter ritt auf seinem Hengst in die Waldhöhle zurück.
„Mutter", sagte er zu der alten Hexe, als er in die Höhle kam, „der König will mir seine Tochter zur Frau geben, und wenn er stirbt, dann soll ich König werden."
„Gegen die Königstochter habe ich nichts", sprach die Hexe, „aber ihr Königreich ist zu schlecht für dich. Geh hin und bringe deine Braut zu mir, dass ich dir ein besseres gebe."
Der Bärenritter gehorchte und ritt auf dem Kater Johann zu dem König zurück. Der freute sich, dass sein Schwiegersohn selbst ein König sei und so reich, dass er das Erbe seiner Tochter verschmähte. Er ließ sogleich die Pferde satteln und die große Staatskutsche anspannen, und dann machten sie sich auf die Reise. Zuerst war der Bärenritter lustig und guter Dinge, denn er sah auf die schöne Prinzessin. Je näher er aber der Waldhöhle kam, um so stiller wurde er, denn er fürchtete, dem König und seiner Braut möchte das Erdloch der Hexe nicht gefallen.
Da hatte er sich aber umsonst gesorgt, denn als er dort ankam, wo einst die Waldhöhle lag, stand an ihrer Stelle ein prächtiges Schloss mit hohen Toren und Türmen und vielen tausend Fenstern. Diener kamen herbeigelaufen, die nannten den Bärenritter ihren König und halfen ihm vom Pferd und der Prinzessin aus dem Wagen und führten sie samt den Gästen in das Schloss hinein. Drinnen war eine große Tafel gedeckt, und die Hexe saß obenan und winkte dem Bärenritter.
„Guten Tag, Mutter", sagte der Bärenritter und stellte die Hexe dem König und der Prinzessin vor, und sie setzten sich und ließen sich das Hochzeitsmahl gut schmecken.
Am andern Morgen stand der Bärenritter früh auf, wie er es

gewohnt war, und schaute zum Fenster hinaus. Da sah er den Kater Johann, der rief ihm zu: „Gürte dein Schwert um und komm zu mir herab, ich habe dir etwas mitzuteilen!"
Das tat der Bärenritter auch. Dann nahm ihn der Kater beiseite und sprach zu ihm: „Ich habe dich im Wald aufgelesen und großgezogen, ich habe dich alles Wissen und alle Künste gelehrt, ich habe dich in hundert Schlachten beschützt und dir zu der Prinzessin verholfen, jetzt vergelte mir, was ich dir getan, und schlage mir den Kopf ab."
„Liebster Kater Johann", antwortete der Bärenritter, „das wäre ein schönes Entgelt für deine Dienste. Ich will dich wie meinen Bruder achten, aber den Kopf schlag ich dir nicht ab!"
Da sagte der Kater Johann: „Tust du es nicht, so kostet es dich dein Leben."
Das Leben wollte der Bärenritter nun auch nicht gerne verlieren, und weil er keinen andern Ausweg sah, zückte er sein Schwert und schwang es in der Luft. Er schloss die Augen und schlug dem Kater den Kopf vom Rumpf. Kaum lag der auf der Erde, da sprang der Kopf aber auch schon wieder auf seine alte Stelle zwischen die Schultern zurück, und siehe da, aus dem Kater wurde ein wunderschöner Prinz. Zugleich krachte und bebte die Erde ringsum, und aus dem Wald wurde eine große Stadt und Dörfer und Mühlen und Felder und Wiesen. Das war das große Königreich, das die Hexe gemeint hatte und das von dem Bärenritter nun erlöst worden war. Die Hexe war die Königin darin gewesen, und der Kater Johann war ihr Sohn und Kronprinz des Landes, bis ein böser Zauberer alles verwünscht hatte. Jetzt aber übergaben sie das Königreich dem Bärenritter, und der lebte dort mit seiner jungen Frau, der Königin, und dem Prinzen Johann und seiner Mutter glücklich und zufrieden bis an sein seliges Ende.
Und wenn sie nicht gestorben sind, so leben sie alle heute noch dort.

Wie Katze und Hund dem Fuchs halfen

In Brischko, einem kleinen Dörfchen im Osten, da hatte einst der Müller eine alte Katze und der Bauer einen alten Hund. Eines Tages sagte der Müller zu seiner Frau: „Ach, was sollen wir nur länger mit der alten Katze. Sie ist doch zu überhaupt nichts mehr nütze und fängt den lieben langen Tag nicht eine einzige Maus. Weißt du was, ich werde sie ersäufen."
„Tue das nicht, Mann!" gab die Müllerin zur Antwort. „Wohl fängt unsere Katze noch Mäuse, etwas langsamer mag sie vielleicht dabei geworden sein."
„Schwatze nur, Weib", sagte der Müller, „auf der können die Mäuse tanzen, und sie wird trotzdem keine zu fassen bekommen. Sobald sie mir unter die Augen kommt, muss sie ins Wasser."
Die Katze lag aber derweil hinter dem Ofen, und sie wurde recht traurig über das, was sie mit anhören musste. Als nun der Müller abends ins Wirtshaus gegangen war, da stand sie auf und miaute und klagte, und weil der Müllerin die Katze, die ihr lange Jahre so treue Dienste geleistet hatte, von Herzen leid tat, öffnete sie ihr die Türe und sprach: „Nun lauf rasch weg, du armes Tier, bevor mein Mann wieder nach Hause kommt." So schnell ihre alten Pfoten sie noch tragen konnten, lief da die Katze in ein nahegelegenes Wäldchen.
Um die gleiche Zeit sagte der Bauer zu seiner Frau: „Was sollen wir nur länger mit dem alten Hund? Er ist fast taub und blind, er bellt wenn es ganz unnötig ist und bleibt ruhig, wenn er Lärm machen sollte. Weißt du was, ich werde ihn erschlagen."
„Tue doch das nicht, Mann", antwortete die Bäuerin, „unser Hund hört wohl nicht mehr so gut wie in früheren Jahren, aber er ist noch ganz eifrig und wachsam."

„Schwatze nur, Weib", gab der Bauer zur Antwort, „da kann der ganze Hof voller Diebe sein, und er wird doch keinen verraten. Wenn er mir heute unter die Augen kommt, so ist's aus mit ihm."
Der Hund aber lag derweil im Winkel, hatte alles mitangehört und wurde sehr traurig darüber. Als dann der Bauer aufs Feld gegangen war, stand er auf und heulte zum Erbarmen. Der Bäuerin rührte es das Herz, und weil sie Mitleid mit dem treuen Hund hatte, öffnete sie die Tür und sagte: „Nun laufe rasch weg, du Armer, bevor mein Mann wieder nach Hause kommt." So schnell er's noch vermochte, lief der Hund in das nahe Wäldchen. Und so geschah es, dass sich dort der Hund und die Katze trafen. Im Dorf waren sie sonst keine großen Freunde gewesen, aber hier draußen war das etwas anderes. So setzten sie sich nebeneinander unter einen Wacholderstrauch, und bald trösteten sie sich und bald klagten sie sich ihre Not.
Da kam der Fuchs des Weges gezogen und fragte: „Na, ihr beiden, was sitzt ihr denn hier und jammert und klagt, dass es einen Stein erweichen könnte?"

„Ach, weißt du, Gevatter Fuchs", gab die Katze zur Antwort, „ich habe jahrein, jahraus so manche Maus gefangen, die dem Müller Korn und Mehl gefressen hätte. Doch jetzt wo meine alten Tage gekommen sind und meine Beine nicht mehr so schnell wollen, will er mich ersäufen."
„Und ich", sprach der Hund, „habe manche lange Nacht gewacht und den Hof vor Dieben bewahrt, die an Würste,

Speck und Schinken wollten. Doch jetzt, wo meine alten Tage gekommen sind und meine Ohren nicht mehr so fein hören, will der Bauer mich erschlagen."
„Da geht es euch gerade so wie herrschaftlichen Dienern", gab der Fuchs zur Antwort. „Doch ich will euch beiden schon wieder zu eurem Dienst verhelfen, wenn auch ihr mir in einer Angelegenheit behilflich seid."
Sogleich willigten Hund und Katze ein.
„So hört", sprach der Fuchs, „der Wolf hat mir den Krieg erklärt. Zusammen mit dem Bären und dem Wildschwein will er morgen gegen mich in die Schlacht ziehen, und dabei könnte ich euch als Gefährten recht gut gebrauchen."
„So wollen wir dir beistehen und mit dir in den Kampf ziehen. Das ist doch allemal besser, als hier im Wald zu verhungern", gaben Hund und Katze zur Antwort, und sie gaben sich alle drei die Pfoten darauf.
Am anderen Morgen zogen der Wolf, der Bär und das Wildschwein bei Sonnenaufgang zur Waldlichtung, wo der Kampf stattfinden sollte und dort warteten sie eine ziemliche Weile, denn Fuchs, Katze und Hund waren noch nicht gekommen. Als einige Zeit vergangen war, sagte der Bär, der allmählich ungeduldig wurde: „Ich will einmal hier auf die hohe Eiche steigen, vielleicht sehe ich sie kommen." Er schaute vom ersten Ast aus umher und rief hinab: „Ich sehe sie nirgends." Dann stieg er ein wenig weiter hoch, schaute abermals ringsumher und rief: „Ich sehe sie immer noch nirgends." Endlich stieg er in die Spitze des Eichbaumes, schaute zum dritten Male umher und rief hinab: „Dort in der Ferne kommt das Lausepack angezogen. Ei, was die für eine Lanze mit sich führen."
Das war aber niemand anderes als die Katze, die mit ihrem Schwanz in der Luft wedelte.
Mittlerweile war es Mittagszeit geworden, die Sonne stand hoch am Himmel und brannte herab und der Schweiß

tropfte den drei Kampfgefährten ins Fell. Da brummte der Bär: „Das kann immer noch einen halben Tag dauern, ehe die hier ankommen. Ich werde mich so lange auf einem Ast langstrecken." Darauf legte sich auch der Wolf in der Mittagshitze unter die Eiche in den Schatten, und das Wildschwein grub sich in einen Haufen Streu ein, dass nur noch eine Ohrspitze zu sehen war. Und so schliefen die drei ein.

Endlich kamen der Fuchs, die Katze und der Hund zur Waldlichtung, wo weit und breit niemand zu sehen war. Nun kitzelte aber gerade in dem Augenblick eine Fliege das Wildschwein an dem einen Ohr, das noch aus der Spreu lugte, und das Schwein zuckte mit dem Ohr. Die Katze aber, die auch nicht mehr allzu gut sah, hielt das für eine Maus und stürzte sich geradewegs auf dasselbe. Erschrocken fuhr das Wildschwein hoch, grunzte und floh schnurstracks in den Wald hinein. Darüber war aber die Katze noch mehr erschrocken als das Schwein. Sie floh auf den Eichbaum und sprang dabei dem Bären mit einem lauten Miauen ins Gesicht. Der Bär schrak aus seinem Schläfchen hoch, geriet auf seinem Ast ins Wanken, stürzte von der Eiche herab und fiel gerade auf den Wolf, der noch im Schatten unter dem Eichbaum döste. Der Wolf meinte, ein ganzes Heer sei über ihn gekommen und sah zu, dass er, so schnell er nur konnte, in den Wald entfloh. Sein Kampfgefährte Bär humpelte hinter ihm drein.

So hatte die Katze ganz alleine die Schlacht gegen Wolf, Bär und Wildschwein geschlagen. Auf dem Heimweg fing der Fuchs aber ein halbes Dutzend Mäuse. Als sie endlich im Dorf angelangt waren, war es schon finsterste Nacht. Der Fuchs legte die Mäuse vor die Mühle und sprach zur Katze: „Lebe wohl, Mietze, trage jetzt eine Maus nach der anderen ins Haus." Und das tat die Katze auch.

„Sieh", sprach die Müllerin zu ihrem Mann, „unsere Katze ist wieder da und bringt eine Maus nach der anderen."

„Das hätte ich nimmermehr gedacht, dass unsere alte Katze noch so auf Mäusejagd geht“, meinte der Müller.
„Habe ich nicht immer gesagt, dass es noch eine ganz treffliche und tüchtige Katze ist? Aber ihr Männer wollt eben immer Recht haben.“
Mittlerweile waren der Fuchs und der Hund vor den Bauernhof gekommen, dort sagte der Fuchs: „Nun geh' wieder auf deinen Hof und fange um Mitternacht mit aller Kraft an zu bellen.“ Dann nahmen sie Abschied voneinander.
Nun hatten die Bauersleute gerade an dem Tag ein Schwein geschlachtet, und die Speisekammer hing voller Würste und Speck. Als nun der Hund gegen Mitternacht zu bellen begann, rüttelte die Bauersfrau ihren Mann wach und sagte. „Hör nur, unser Hund ist wieder da und bellt und bellt. Steh auf und sieh in der Kammer nach, ob nicht Diebe über die Würste gekommen sind.“
Der Bauer aber brummte: „Ach was, der taube Racker bellt doch wohl nur aus lauter Langeweile“, und er drehte sich zur anderen Seite.
Als die Bäuerin am nächsten Morgen in die Speisekammer trat, rief sie: „Bei meiner Seele, hier sind Diebe gewesen! Mann komme doch nur her. Ach, wenn du doch heute Nacht aufgestanden wärst. Jetzt sind die ganzen Würste, der Schinken und der Speck weg.“
Der Bauer kratzte sich nachdenklich im Nacken und sagte: „Das hätte ich nie und nimmer gedacht, dass unser alter Hund noch so wachsam ist.“
„Siehst du“, meinte die Bäuerin, „habe ich nicht immer gesagt, dass es noch ein ganz trefflicher und tüchtiger Hund ist? Aber ihr Männer wollt eben immer Recht haben.“
So wurden Hund und Katze wieder in Dienst genommen und haben später das Gnadenbrot erhalten. Das Füchslein aber, ja das hat sich noch lange Zeit an Speck und Würsten gütlich getan.

Das Schloss, das auf goldenen Säulen stand

Es war einmal ein Tagelöhner mit seiner Frau, die wohnten in einem tiefen Walde. Er hatte zwei Kinder, einen Knaben und ein Mädchen. Sonst war er sehr arm; eine Kuh und eine Katze bildeten seinen ganzen Reichtum. Der Tagelöhner und seine Frau stritten beständig miteinander; wenn der Mann etwas wollte, so wollte die Alte ganz sicher gerade das Gegenteil.

Eines Tages nun hatte die Alte Grütze zum Abendessen gekocht. Als die Grütze fertig war und jeder seinen Teil erhalten, wollte der Mann zuletzt den Topf ausschrappen. Aber die Alte widersetzte sich heftig; sie glaubte nämlich, sie allein und kein anderer habe das Recht, den Topf auszuschrappen. Sie gerieten in heftigen Streit, und keiner wollte dem andern nachgeben. Schließlich nahm die Alte Topf und Kelle und lief ihrer Wege; aber der Tagelöhner ergriff den Quirl und lief hinterher. So ging es durch den Wald und übern Berg, die Frau voran und der Mann hinterher; aber das Märchen erzählt nicht, wer endlich den Topf ausgeschrappt habe.

Als einige Zeit vergangen war und die Alten nichts von sich hören ließen, wussten sich die Kinder nicht zu helfen; sie wollten daher in die Welt hinaus, um ihr Glück zu suchen, jedes auf seine Weise. Sie kamen überein, die Habe zu teilen und jedes sein Erbteil mitzunehmen. Aber wie es zu gehen pflegt, war die Teilung eine schwere Sache. Es war nämlich nichts vorhanden außer einer Kuh und der Katze, und die Kinder wollten beide die Kuh haben. Als sie gerade miteinander ratschlagten, kam die Katze zu dem Mädchen, tat schön, schmiegte sich an ihr Knie und miaute: „Nimm mich! Nimm mich!“ Da nun der Junge von der Kuh nicht lassen wollte, so ließ ihn das Mädchen gewähren und begnügte sich mit der Katze. Die Geschwister nahmen darauf

voneinander Abschied. Der Junge nahm die Kuh und zog seiner Wege. Aber das Mädchen und ihre Katze wanderten den Waldsteig entlang, und es begegnete ihnen nichts Merkwürdiges, bis sie an einen großen und prächtigen Königshof gelangten, der am Wege lag.
Als sich die beiden Wanderer dem schönen Königshof näherten, begann die Katze ein Gespräch mit ihrer Herrin und sagte: „Wenn du jetzt meinem Rat folgst, so wird es dir Glück bringen!"
Das Mädchen hatte viel Vertrauen zu der Klugheit ihrer Begleiterin und versprach deshalb, ganz nach ihrem Wunsche zu tun. Da sagte die Katze: „Lege deine alten Kleider ab und steige auf einen hohen Baum. Ich will unterdessen auf den Königshof gehen und erzählen, eine Königstochter sei da. Sie sei von Wegelageren überfallen und all ihrer Habe und Kleider beraubt worden."
Das Mädchen tat, wie die Katze ihr sagte. Sie legte ihre alten Lumpen ab und kletterte auf den Baum. Darauf lief die Katze ihres Weges, aber das Mädchen wartete in großer Angst, ob ihr Plan gelingen werde.
Als der König, der über das Land gebot, hören musste, dass eine fremde Prinzessin solche Not und Gewalttat erlitten habe, war er sehr erbittert und schickte seine Diener aus, um sie zu sich einzuladen. Die junge Maid wurde erst reichlich mit Kleidern ausgestattet und allem, was sie sonst nötig hatte, und folgte darauf den Sendboten des Königs. Auf dem Königshof waren alle von ihrer Schönheit und ihren höfischen Manieren bezaubert, die größten Huldigungen aber brachte ihr der Königssohn selbst dar, und er meinte, nicht mehr ohne sie leben zu können. Aber die Königin witterte Unrat und fragte, wo die liebe Prinzessin ihren Königshof habe.
Das Mädchen antwortete, wie die Katze ihr gesagt hatte: „Ich wohne weit weg auf einem Schlosse, das heißt die Katzenburg."

Die alte Königin war jedoch nicht zufrieden, sondern nahm sich vor, weiter auszuforschen, ob die fremde Jungfrau wirklich eine Königstochter sei oder nicht. Deshalb ging sie abends in das Fremdenzimmer, bereitete das Bett des Mädchens mit weichen Seidenkissen, aber legte heimlich eine Bohne unter das Laken. Sie dachte nämlich bei sich, ist es eine Prinzessin, so wird sie es sicher merken. Die schöne Jungfrau wurde darauf unter großen Ehrenbezeugungen in ihr Schlafgemach geleitet. Aber die Katze merkte die List der Königin und erzählte es ihrer Herrin. Als der Morgen dämmerte, trat die Königin ein und fragte, wie der Gast in der Nacht geschlafen habe. Das Mädchen antwortete, wie die Katze ihr gesagt: „Oh ja, ich habe ganz gut geschlafen, denn ich war sehr müde von meiner Wanderung. Aber es kam mir so vor, als läge ich auf einem großen Berge. In meinem Bett auf der Katzenburg schlief ich viel besser." Die Königin glaubte jetzt zwar, dass die Jungfrau sehr vornehm erzogen sei, aber sie sagte im Stillen zu sich selbst, sie wolle noch einmal die Wahrheit ihre Aussage auf die Probe stellen.
Am andern Abend ging die Königin wieder in das Fremdenzimmer, bereitete das Bett mit weichen, seidenen Kissen und legte ein paar Erbsen unter das erste Kissen. Sie dachte nämlich bei sich, wenn sie wirklich eine Königstochter ist, wie sie behauptet, so wird sie es sicher merken. Das junge Mädchen wurde darauf unter großen Ehrenbezeugungen in ihr Schlafgemach geleitet. Aber die Katze hatte den Anschlag der Königin gemerkt und erzählte es ihrer Herrin.
Als der Morgen dämmerte, trat die Königin wieder ein und fragte ihren Gast, wie er die Nacht geschlafen habe. Das Mädchen antwortete, wie die Katze ihr gesagt: „Ach ja, ich habe ganz gut geschlafen, denn ich war sehr müde. Aber ich hatte das Gefühl, als ob ich auf großen Steinen läge. In meinem Bett in der Katzenburg schlief ich viel besser."
Die alte Königin fand jetzt zwar, dass die Jungfrau ihre

Probe bestanden habe. Aber doch konnte sie ihre Zweifel nicht ganz unterdrücken und nahm sich vor, noch einmal zu erproben, ob die fremde Jungfrau so vornehm sei, wie sie selbst sagte.
Als nun der dritte Abend kam, ging die Königin wieder in das Fremdenzimmer, bereitete das Bett mit weichen Seidenkissen und legte einen Strohhalm unter das zweite Kissen. Sie dachte nämlich bei sich, wenn sie eine Königstochter ist, so wird sie es ganz gewiss merken.
Das junge Mädchen wurde darauf unter großen Ehrenbezeugungen in ihr Schlafgemach geleitet. Aber die Katze merkte die List der Königin und warnte ihre Herrin.
Als der Morgen dämmerte, trat die Königin ein und fragte ihren Gast, wie er die Nacht geschlafen habe. Das Mädchen antwortete, wie die Katze ihr gesagt: „Oh, ich habe ganz gut geschlafen, denn ich war sehr müde. Aber mir war so, als läge ich auf einem großen Baum. Als ich in meinem Bett auf der Katzenburg schlief, sorgte man besser für mich."
Die Königin merkte jetzt wohl, dass sie auf solche Weise niemals die Wahrheit herauskriegen könne, deshalb beschloss sie, achtzugeben, wie sich die Jungfrau in allem übrigen benehmen würde.
Am folgenden Tage schickte die Königin ihrem Gast ein prächtiges Kleid. Das war mit Seide gestickt und hatte eine lange, lange Schleppe, wie sie vornehme Frauen zu tragen pflegen. Das Mädchen dankte für das liebe Geschenk und machte sich keine weiteren Gedanken darüber. Aber die Katze war gleich zur Stelle und warnte ihre Herrin, die alte Königin wolle sie von Neuem auf die Probe stellen.
Als einige Zeit vergangen war, fragte die Königin, ob die Prinzessin einen Spaziergang mit ihr machen wolle. Das Mädchen erklärte sich gern bereit, und sie machten sich auf den Weg. Als sie nun in den Garten gekommen waren, nahmen die Hofdamen sich sehr in acht, dass sie nicht den

Saum ihrer Kleider beschmutzten. Es hatte nämlich in der Nacht geregnet. Aber die fremde Jungfrau wanderte ihres Weges, ohne sich darum zu kümmern, ob ihre lange Schleppe auf dem Boden schleife. Da sagte die Königin: „Liebe Prinzessin, gebt auf Euer Kleid acht!"
Das Mädchen antwortete stolz: „Oh, Ihr habt wohl mehr Kleider als dies eine. Als ich noch in meinem Schloss auf der Katzenburg war, da hatte ich es viel besser."
Jetzt war die alte Königin ganz überzeugt, dass die Jungfrau immer nur seidene Kleider getragen habe, und sie zog daraus den Schluss, sie müsse eine Königstochter sein. Die Königin legte darum der Werbung ihres Sohnes kein weiteres Hindernis in den Weg, und das Mädchen gab schließlich auch ihr Jawort und ihre Einwilligung.
Einmal saßen der Prinz und seine Braut zusammen und sprachen miteinander. Da blickte die Jungfrau zum Fenster hinaus und bemerkte ihre beiden Eltern, wie sie aus dem Walde gelaufen kamen, die Alte mit dem Topf voran und der Alte mit der Kelle hinterdrein. Da konnte das Mädchen sich nicht halten, sondern brach in lautes Lachen aus. Der Prinz fragte, worüber sie so herzlich lache.
Da antwortete die Jungfrau, wie die Katze ihr gesagt: „Ich kann nichts dafür, ich muss lachen, wenn ich daran denke, dass Euer Schloss nur auf Steinpfählen steht, aber mein Schloss steht auf Goldpfählen."
Als der Prinz das hörte, wunderte er sich sehr und sagte: „Immer steht dein Sinn nach der schönen Katzenburg. Da musst du ja alles besser und reicher haben als hier bei uns. Wir müssen mal hinfahren und deine schöne Katzenburg sehen, mag der Weg noch so weit sein."
Bei diesen Worten war dem Mädchen schlecht zumut. Sie glaubte, in die Erde versinken zu müssen. Sie wusste ja sehr wohl, dass sie keinen Hof habe, viel weniger noch ein Schloss. Aber es war nichts zu machen. Sie ließ sich deshalb nichts anmerken, sondern sagte, sie wolle sich überle-

gen, welcher Tag sich am besten für die Reise eigne.
Als nun die Jungfrau für sich allein war, gab sie sich ganz ihrer Verzweiflung hin und weinte bitterlich, denn sie dachte daran, was für eine Schande es für sie sein würde, wenn man ihre Eitelkeit und Falschheit entdeckte. Während sie noch so weinte, kam die kluge Katze herein, schmiegte sich an ihr Knie und fragte, warum sie so traurig sei. Das Mädchen erwiderte: „Ich kann ja nicht anders, ich muss traurig sein. Der Königssohn hat mir gesagt, wir wollten nach der Katzenburg reisen, und nun muss ich es teuer entgelten, dass ich deinem Rate gefolgt bin."

Aber die Katze hieß sie guten Mutes sein. Sie würde es so einrichten, dass alles besser ausliefe, als sie sich vorstellen könnte. Zugleich erklärte sie ihrer Herrin, sie müssten sich sofort auf den Weg begeben, je eher, desto besser. Da nun die Jungfrau schon so viele Beweise von der Klugheit der Katze hatte, so war sie gern einverstanden, aber diesmal doch mit schwerem Herzen, denn sie konnte sich nicht anders denken, als dass ihre Fahrt ein schimpfliches Ende nehmen würde.

Früh am Morgen ließ der Königssohn Wagen und Pferde rüsten und alles, was man sonst noch für die lange Reise nach der Katzenburg nötig hatte. Darauf setzte sich der Zug in Bewegung. Der Prinz und seine Braut fuhren voran, in einem vergoldeten Wagen mit sieben Glasscheiben, viele Ritter und Pagen begleiteten sie, und die Katze lief voraus, um den Weg zu zeigen, wie sie es selbst gewünscht hatte.
Als sie so eine Weile gefahren waren, da sah die Katze einige Hirten, die eine große Schar der allerprächtigsten Ziegen auf der Weide hüteten. Da ging sie zu den Hirten, grüßte sie freundlich und sagte: „Guten Tag, ihr Hirten! Wenn der Königssohn vorbeifährt und fragt, wem die schönen Ziegen gehören, so sollt ihr antworten, sie gehören der jungen Prinzessin auf der Katzenburg, die an der Seite des Prinzen fährt. Wenn ihr das tut, werdet ihr reich belohnt werden.

Tut ihr es nicht, so werde ich euch in Stücke reißen."
Als die Hirten solche Worte vernahmen, waren sie sehr erstaunt und versprachen der Katze, ihren Wunsch zu erfüllen. Sie lief darauf ihres Weges.
Nach einer Weile kam der Königssohn mit seinem ganzen Hof vorbeigefahren. Als er nun die schönen Ziegen auf der Weide bemerkte, hielt er seinen Wagen an und fragte die Hirten, wem die prächtige Herde gehöre. Die Ziegenhirten antworteten, wie die Katze es ihnen gesagt: „Die Ziegen gehören der jungen Prinzessin auf der Katzenburg, die an Eurer Seite fährt."
Da wunderte sich der Königssohn sehr und dachte bei sich, seine Braut müsse eine stolze Prinzessin sein. Das Mädchen aber wurde frohen Sinnes und fand, sie habe bei der Erbteilung mit ihrem Bruder keinen schlechten Tausch gemacht.
Sie zogen nun weiter, und die Katze lief voran, wie sie es zu tun pflegte. Als sie eine Weile gelaufen war, traf sie eine Menge Leute, die auf einer Wiese Heu einfuhren. Da ging die Katze hin, begrüßte sie freundlich und sagte: „Guten Tag, liebe Leute. Wenn der Königssohn vorbeifährt und fragt, wem die schöne Wiese gehört, so sollt ihr antworten, sie gehört der Prinzessin auf der Katzenburg, die an der Seite des Prinzen fährt. Wenn ihr das tut, werdet ihr reich belohnt werden. Tut ihr nicht so, wie ich gesagt habe, so werde ich euch in tausend Stücke reißen."
Als die Männer das hörten, waren sie sehr betroffen und gelobten der Katze, ihren Wunsch zu erfüllen. Darauf lief sie ihres Weges. Aber als eine Weile vergangen war, kam der Königssohn mit seinem Gefolge gefahren. Als er nun die fruchtbare Wiese bemerkte und die vielen Leute, ließ er seinen Wagen halten und fragte, wem das Land gehöre. Die Männer antworteten, wie die Katze es ihnen gesagt: „Die Wiese gehört der jungen Prinzessin auf der Katzenburg, die an Eurer Seite fährt."

Da wunderte sich der Königssohn noch mehr und dachte bei sich, seine Braut müsse über die Maßen reich sein, da sie so vortreffliche Heuwiesen besitze.
Sie zogen nun weiter, und die Katze lief wie immer voran. Als sie eine Weile gefahren waren, kamen sie zu einem mächtig großen Ackerland, und auf dem Acker war ein Gewimmel von Männern und Frauen, die gerade beim Mähen waren.
Da ging die Katze zu dem Schnittervolk hin und grüßte und sagte: „Guten Tag, liebe Freunde! Glück zur Arbeit! Wenn der Königssohn hier gleich vorbeigefahren kommt und fragt, wem die großen Kornfelder gehören, dann sollt ihr antworten, sie gehören der Prinzessin auf der Katzenburg, die an der Seite des Prinzen fährt. Wenn ihr das sagt, werdet ihr reich belohnt werden. Handelt ihr aber wider mein Gebot, so werde ich euch in so kleine Stücke reißen, wie die Blätter, die im Herbst auf dem Boden liegen."
Als die Schnitter solche Worte hörten, waren sie sehr bestürzt und versprachen, so zu antworten, wie die Katze es verlangte. Darauf lief sie ihrer Wege.
Nach einer Weile kam der Königssohn mit seinem Hof vorbeigefahren. Als er die großen Felder sah, ließ er seinen Wagen halten und fragte, wem denn das schöne Ackerland gehöre.
Die Schnitter antworteten, wie die Katze es ihnen gesagt: „Die Felder gehören der jungen Prinzessin auf der Katzenburg, die an Eurer Seite fährt."
Jetzt wurde der Königssohn über die Maßen froh, das Mädchen aber wusste nicht recht, was sie von all ihren Reiseerlebnissen halten sollte.
Es war schon spät am Abend, und der Prinz machte mit seinem Hof halt, um zu übernachten.
Die Katze ruhte nicht, sondern lief immer weiter, bis sie eine prächtige Burg sah. Die war hoch gebaut mit Türmen und Zinnen und stand auf goldenen Pfählen. Die prächtige

Burg gehörte einem grausamen Riesentroll, der herrschte über die ganze Gegend. Aber er war gerade nicht zu Hause. Die Katze lief daher zum Burgtor hinein und verwandelte sich in ein großes Stück Brot. Darauf steckte sie sich in das Schlüsselloch und wartete, bis der Riese wieder nach Hause käme.

Früh am Morgen, vor Tagesgrauen, kam der hässliche Riese aus dem Walde getrottet. Er war so groß und schwer, dass der Boden zitterte, wo er hintrat. Als er jetzt an das Burgtor kam, konnte er es nicht aufkriegen wegen des großen Brotes, das im Schlüsselloch steckte. Da wurde er furchtbar zornig und rief: „Mach' auf! Mach' auf!"

Die Katze erwiderte: „Warte nur ein kleines Weilchen, erst will ich dir meine Geschichte erzählen.

Erst dörrten sie mich und dörrten mich fast zu Tode ..."

„Mach' auf! Mach' auf!" schrie der Riese wieder.

Aber die Katze antwortete wie vorher: „Warte nur ein kleines Weilchen, erst will ich dir meine Geschichte erzählen.

Erst dörrten sie mich und dörrten mich fast zu Tode; dann mengten sie mich und mengten mich fast zu Tode ..."

„Mach' auf! Mach' auf!" schrie der Riesentroll erbittert.

Aber die Katze fuhr von Neuem fort: „Warte nur ein kleines Weilchen, erst will ich dir meine Geschichte erzählen.

Erst dörrten sie mich und dörrten mich fast zu Tode; dann mengten sie mich und mengten mich fast zu Tode; dann piekten sie mich und piekten mich fast zu Tode ..."

Jetzt wurde der Riese zornig und brüllte so laut, dass die ganze Burg wackelte: „Mach' auf! Mach' auf!"

Aber die Katze ließ sich nicht stören, sondern sagte wie vorher: „Warte nur ein kleines Weilchen, erst will ich dir meine Geschichte erzählen.

Erst dörrten sie mich und dörrten mich fast zu Tode; dann mengten sie mich und mengten mich fast zu Tode; dann piekten sie mich und piekten mich fast zu Tode; dann buken sie mich und buken mich fast zu Tode!"

Da wurde dem Riesen ängstlich zumut, und er bat so schön, ach, so schön: „Mach' auf! Mach' auf!"
Aber es half ihm nichts, das Brot saß noch immer wie vorher im Schlüsselloch. Im selben Augenblick rief die Katze: „Ach, sieh da, die schöne Jungfrau, die zum Himmel hinaufreitet!"
Als der Riesentroll sich umdrehte, ging gerade die Sonne über dem Walde auf. Aber als er in die Sonne sah, fiel er rücklings um und platzte, und da war er tot.
Das Brot verwandelte sich jetzt wieder in eine Katze und sie beeilte sich, alles für ihre Gäste in Ordnung zu bringen. Als dann eine Weile vergangen war, kam der Königssohn mit seiner jungen Braut und seinem ganzen Hofe angefahren. Die Katze lief ihnen entgegen und hieß sie auf der Katzenburg willkommen. Sie wurden jetzt auf das Allerprächtigste bewirtet, und es fehlte weder an Speise und Trank noch anderer köstlicher Verpflegung.
Aber das schöne Schloss war so voll Gold, Silber und allerhand Kostbarkeiten, dass niemand, weder vorher noch nachher je dergleichen gesehen hat. Kurz darauf fand die Hochzeit des Prinzen mit der schönen jungen Maid statt, und alle, die ihren Reichtum sahen, fanden es vollauf berechtigt, dass sie gesagt hatte: „In meinem Schloss auf der Katzenburg hatte ich es viel besser."
Der Königssohn und die Tochter des Tagelöhners lebten jetzt viele, viele Jahre lang glücklich zusammen. Aber wie es der Katze ergangen ist, habe ich nicht in Erfahrung bringen können, es lässt sich aber wohl denken, dass sie keine Not gelitten hat.

Die Hexenwäsche

In Karlsruhe war eine Magd, wenn die nachts waschen musste, ließ sie sich von niemand helfen, aber am Morgen war sie doch mit der ganzen Wäsche fertig. Ihrer Herrschaft fiel dies endlich so sehr auf, dass sie dem Bedienten den Auftrag gab, das nächste Mal heimlich aufzupassen. Der tat das und sah in der Waschküche eine Menge Katzen um den Zuber stehen und emsig waschen.

Die Magd aber unterhielt nur das Feuer und sagte öfters zu einer großen schwarzen Katze: „Mohrle, nur sauber!"

Der Bediente holte seinen Herrn herbei, und nachdem beide eine Weile unbemerkt zugesehen hatten, begaben sie sich wieder zu Bett. Am andern Morgen hing, wie jedesmal, sämtliche Wäsche blendend weiß auf dem Trockenseil; aber als gleich nachher die Magd den Abschied erhalten und, ohne nach der Ursache zu fragen, das Haus verlassen hatte, war die Wäsche wieder so schmutzig, wie wenn sie gar nicht gewaschen worden wäre.

Von dieser Geschichte rührt es her, dass man in Karlsruhe noch heute die Redensart hat: „Mohrle, nur sauber!"

Katze, Hahn und Sichel

Vor langer, langer Zeit lebte einmal ein armer Mann, dessen Frau schon gestorben war. Er hatte drei Söhne: Pierre, Jacques und Jean. Als nun der Vater starb, da hinterließ er seinen Söhnen als einziges Erbe eine Katze, einen Hahn und eine Sichel. Da beschlossen die drei in die Welt zu ziehen und dort ihr Glück zu versuchen. Als sie an einen Kreuzweg kamen, umarmten sie einander und verabschiedeten sich. Jeder zog nun allein seines Weges. Pierre nahm die Katze mit sich, Jacques den Hahn und Jean die Sichel.
Nach langer, weiter Wanderung kam Pierre mit seiner Katze zum Schloss eines Königs. Er sah, wie tausend Diener, die alle mit Stöcken bewaffnet waren, auf Mäusefang gingen. Nur wenige erwischten sie und konnten sie totschlagen. Schon seit vielen Monden suchte eine Mäuseplage das Land heim, und niemand konnte helfen. Da konnte Pierre nicht umhin, herzlich über das Tun und Treiben der Diener zu lachen.
„Fremder, was verspottet Ihr uns? Wäret Ihr in gleich unglücklicher Lage, das Lachen würde Euch vergehen!"
„Ach, ihr guten Leute, ich wüsste schon ein Mittel, wie ihr euch der Mäuse entledigen könnt."
„Fremder, sprich!"
„Das Tier, das ich bei mir trage, ist imstande, eine Maus im Handumdrehen zu fangen und zu fressen."
„Und frisst das Tier auch keine Menschen?"
„Oh, nein, es beliebt nur Ratten und Mäuse zu speisen."
„Zeige uns, ob du wahr gesprochen hast!"
Da ließ Pierre seine Katze laufen und im Hast-du-nicht-gesehen, hatte sie auch schon die erste Maus totgebissen, denn sie war sehr hungrig.
Da staunten alle über dieses Wundertier, und die Kunde drang auch zum König.

Dieser ließ Pierre sogleich vor sich rufen und sprach; „Man hat mir erzählt, dass du ein Tier besitzt, das im Handumdrehen Mäuse verschlingt. Dennoch darf man es in Freiheit halten, ohne dass es meinen Untertanen etwas zu Leide tut?"
„So ist es großer König."
„Was verlangst du für dein Tier?"
„Ach, es ist mir für viel Gold und Silber nicht feil. Von so einem einzigartigen Tier möchte ich mich doch meiner Lebtage nicht trennen."
„Verlange, was du willst! Willst du mein halbes Königreich?" Pierre aber schüttelte den Kopf.
„Willst du meine schöne Tochter zur Frau?"
Da willigte Pierre von ganzem Herzen ein, denn die schöne Prinzessin gefiel ihm sehr. So musste Pierre sich von der Katze nicht trennen und wurde mit der Königstochter vermählt, und von jenem Tage an war das Land von der Mäuseplage befreit.
Jacques war indessen ebenfalls in ein fremdes Königreich gelangt. Er ging geradewegs zum Schloss und bat dort um gastliche Aufnahme. Diese wurde ihm gern gewährt. Wie groß aber war sein Erstaunen, als er sah, dass gegen Abend ein großer Wagen, gezogen von sechs Rappen von der Schlosspforte abfuhr. Das Gefährt fuhr in Richtung Osten, der aufgehenden Sonne zu.
„Wohin fährt denn dieser Wagen zu dieser Stunde?" fragte er einen der Diener.
„Du musst aus einem weiten, fernen Lande kommen, wenn du das nicht weißt. Der Wagen ist losgefahren, um den Tag zu holen. Wie käme denn der Tag sonst wieder?"
Jacques dankte für die Auskunft und legte sich schlafen. Als die Turmuhr an diesem Sommermorgen sechs Uhr schlug, da hörte er Räder rasseln und Hufe donnern. Der Wagen kehrte zurück und führte den Tag mit sich.
„Dies ist ein merkwürdiges Land", dachte Jacques bei sich,

„mir scheint, die Hähne, die bei uns den Tag herbeizurufen pflegen, sind hier unbekannt."
Als wieder eine Nacht hereinbrach, ließ Jacques den Hahn in seiner Kammer herumlaufen. Als die Kirchenuhr noch nicht sechs geschlagen hatte, ließ der Hahn laut und deutlich sein „Kikeriki" vernehmen, wie es seit altersher Brauch ist bei den Hähnen. Es tagte auch sogleich, obwohl der Wagen noch nicht zurückgekehrt war. Darüber war die Verwunderung groß im Schlosse. Einer der Diener aber hatte einen Vogelruf aus dem Zimmer des Fremden vernommen. Da ließ der König Jacques vor seinen Thron kommen und sprach: „Sage mir, wie kommt es, dass du heute den Tag herbeigeführt hast?"
„Dieser Vogel hier, den ich unter dem Arm trage, braucht nur „Kikeriki" zu rufen und schon kommt der Tag im Nu herbei."
„Wo findet man diesen Wundervogel?"
„Er ist einzigartig auf der Welt."
„Verkaufe ihn mir, du sollst dafür alles haben, was immer du verlangst!"
„Nicht um Gold oder Silber gäbe ich ihn her. Aber Eure wunderschöne Tochter gefällt mir über alle Maßen, und ich habe sie lieb. Gebt mir Eure Tochter zur Frau, und ich überlasse Euch den Hahn und brauche mich doch nicht von ihm zu trennen."
Da willigte der König gerne ein. Noch am selben Tage wurde die Hochzeit von Jacques mit der schönen Königstochter in großer Pracht gefeiert. Nun mussten keine Rösser mehr eilen, um den Tag herbeizuholen.
Wie erging es nun Jean, dem Jüngsten? Er glaubte, das schlechteste Los gezogen zu haben. Beinahe hätte er seine Sichel fortgeworfen. Aber er widerstand diesem Verlangen und behielt sie bei sich. Auch er gelangte in das Reich eines fremden Königs. Das Schloss dort war von weiten Kornfeldern umgeben, und die Ähren glänzten in der

Sonne und wiegten sich im Wind. Aber er wollte seinen Augen nicht trauen, als er sah, dass Tausende von Schnittern das Getreide mit einem Stock zu mähen versuchten. Endlich ging er auf die nächststehenden Bauern zu, zeigte ihnen seine Sichel und schnitt mit einem Streich eine ganze Garbe. Die Bauern waren nicht wenig erstaunt und riefen: „Was ist das für ein wundersames Werkzeug? Noch nie haben wir dergleichen gesehen!"

So schnell ihre Beine sie trugen, eilten die Schnitter zum König und erzählten ihm von dem Fremden mit dem Wunderding. Da ließ der König Jean vor sich kommen: „Was ist das für ein Werkzeug, mit dem man im Handumdrehen eine ganze Garbe Ähren schneiden kann?"

„Wenn Ihr mit mir aufs Feld kommen wollt, so will ich es Euch zeigen."

Da setzte der König sich seine Krone fester aufs Haupt, schnürte seinen Gürtel und folgte dem Fremden. Jean schnitt vor den Augen des Königs noch viele Armvoll Ähren.

„Verkaufe mir dies Wunderding, verlange, was du willst!" rief der König.

„Ach, verkäuflich ist dies Werkzeug mir nicht, weder für Gold noch für Silber. Wollt Ihr mir aber Eure schöne Tochter zur Frau geben, so brauche ich mich von der Sichel nicht zu trennen und kann sie Euch überlassen."

Sogleich wurde die Hochzeit von Jean und der schönen Königstochter in großer Pracht gefeiert.

Nachdem ein Jahr und ein Tag vergangen war, seitdem sich die Brüder am Kreuzweg getrennt hatten, trafen sie sich dort wieder. Sie umarmten und sie küssten einander, und sie erzählten, was sie erlebt hatten. Alle drei waren sie mit Königstöchtern vermählt. Alle drei waren sie glücklich und wurden in höchsten Ehren gehalten. Und wem haben Pierre, Jacques und Jean ihr Glück zu verdanken? Einer Katze, einem Hahn und einer Sichel.

Der Maushund von Schilda

Die Schildbürger hatten keine Katzen, aber so viele Mäuse, dass vor ihnen auch im Brotkorb nichts sicher war. Was sie nur neben sich stellten, das wurde ihnen aufgefressen oder zernagt. Darüber gerieten sie in große Angst.

Da begab es sich, dass eines Tages ein Wandersmann durch ihr Dorf zog, der trug eine Katze auf dem Arm und kehrte bei dem Wirt ein. Der Wirt fragte ihn, was das nur für ein Tier sei. Das sei ein Maushund, war die Antwort. Nun waren in Schilda die Mäuse so heimisch und zahm, dass sie auch vor den Leuten am hellen Tage nicht mehr flohen, sondern ohne Scheu hin und her liefen. Darum ließ der Wandersmann die Katze laufen, und diese fing sogleich im Beisein des Wirtes viele Mäuse.

Als das der Gemeinde durch den Wirt angezeigt wurde, fragten sie den Mann, ob der Maushund nicht feil sei; sie wollten ihn gut bezahlen. Er antwortete, er sei eigentlich nicht verkäuflich, aber weil sie ihn gar so nötig hätten, so wolle er ihnen seinen Maushund überlassen, wenn sie ihm dafür geben wollten, was recht sei, und er forderte hundert Gulden. Die Bürger waren froh, dass nicht mehr gefordert wurde, und wurden mit ihm kaufeinig. Sie wollten dem Manne die Hälfte sogleich übergeben, das übrige Geld sollte er übers halbe Jahr holen.

Der Kauf wurde von beiden Teilen durch Handschlag bekräftigt, dem Wandersmann wurde die Hälfte des Geldes gegeben, und er trug den Maushund in das Vorratshaus, in dem sie ihr Getreide liegen hatten und in welchem auch die meisten Mäuse waren. Der Wanderer zog eilends mit dem Gelde davon, denn er fürchtete, der Kauf möge sie reuen, und sie würden ihm das Geld wieder abnehmen. Und im Gehen sah er sich oft um, ob ihm nicht jemand nacheile.

Nun hatten die Bürger vergessen zu fragen, was der Maushund esse. Darum schickten sie dem Wanderer eilend einen nach, der ihn danach fragen sollte. Als dieser jedoch sah, dass ihm jemand nacheilte, lief er noch rascher, so dass ihn der Abgesandte nicht einholen konnte. Dieser schrie ihm daher von Ferne zu: „Was isst er? Was isst er?
Jener antwortete: „Was ihn freut! Was ihn freut!"
Der Bürger aber hatte verstanden: „Vieh und Leut! Vieh und Leut!"
Er kehrte deshalb in großem Unmut heim und teilte das seinen Mitbürgern mit. Diese erschraken sehr und sprachen: „Wenn er keine Mäuse mehr zu fressen hat, so wird er unser Vieh fressen und endlich uns selber, obschon wir ihn mit unserem guten Geld gekauft haben."
Sie ratschlagten deswegen und beschlossen, die Katze zu töten. Aber es hatte keiner den Mut, sie anzugreifen. Darum wurden sie einig, sie mitsamt dem Vorratshaus zu verbrennen, denn ein solcher Schaden sei besser, als dass sie alle um Leib und Leben kommen sollten. Also zündeten sie das Haus an.
Als nun die Katze das Feuer roch, sprang sie zu einem Fenster hinaus und floh in ein anderes Haus. Das Vorratshaus aber brannte bis auf den Grund nieder.
Niemand war in größerer Angst als die Schildbürger, die den Maushund nicht loswerden konnten. Sie hielten aufs neue Rat und kauften das Haus, in dem die Katze war, und zündeten auch dieses an. Aber die Katze sprang auf das Dach, saß da eine Weile und putzte sich, wie es ihre Gewohnheit war, mit der Tatze über den Kopf. Das verstanden die Bürger, als ob die Katze eine Hand aufhebe und einen Eid schwöre, dass sie das nicht ungerächt lassen wolle.
Nun wollte einer mit einem langen Spieß nach der Katze stechen. Sie aber ergriff den Spieß und fing an, daran herabzulaufen. Darüber erschrak die ganze Gemeinde, alle lie-

fen davon und ließen das Feuer brennen. Weil nun niemand dem Feuer wehrte, verbrannte der ganze Ort bis auf das letzte Haus. Die Katze aber kam mit dem Leben davon. Die Schildbürger waren mit Weib und Kind in den Wald geflohen. Da sie sich wegen des Untiers fürchteten, zurückzukehren, zogen sie in die Welt hinaus, der eine dahin, der andere dorthin.
Und seit dieser Zeit gibt es Schildbürger überall.

IV. Redewendungen und Sprichwörter

Wie eine Katze um den heißen Brei schleichen - eine Sache nicht klar benennen, sich um eine Entscheidung drücken

Nur einen Katzensprung - ganz in der Nähe

In der Nacht sind alle Katzen grau - wenn etwas nicht klar zu unterscheiden ist

Eine Katze im Sack kaufen - sich auf etwas einlassen, ohne es geprüft zu haben

Die Katze aus dem Sack lassen - eine Sache aufdecken

Es ist alles für die Katz - alles umsonst, vergeblich

Die Katze lässt das Mausen nicht - jemand lässt sein Verhalten von seinen Neigungen steuern

Einer Katze die Schelle anhängen - sich einer schwierigen Aufgabe annehmen

Der Katzen Spiel ist der Mäuse Tod - die Schwachen sind der Willkür der Stärkeren ausgeliefert

Das kostet der Katze den Schwanz - jetzt ist das Maß voll

Wenn die Katze aus dem Haus ist, tanzen die Mäuse - fehlt die Aufsicht, werden die Regeln gebrochen

Mit jemand Katz und Maus spielen - jemand seine Überlegenheit spüren lassen, ihn zappeln lassen

Die Katze nach dem Speck schicken - jemanden mit etwas beauftragen, zu dem er völlig ungeeignet ist

Da beißt sich die Katz' in den Schwanz - eine Sache, die man nie und nimmer hinbekommt.

katzbuckeln - unterwürfig sein

Der Katze den Schmer abkaufen - einen unvorteilhaften Handel abschließen, etwas kaufen wollen, das gar nicht zu haben ist (ebensowenig wie der Schmer der Katze)

Du falsche Katze - zänkische, falsche Person

Katzenwäsche - wenn man sich nur flüchtig wäscht

Man sieht aus „wie das Kätzchen am Bauch" - einem geht es nicht gut, sieht krank aus

Das geht wie das Katzenmachen - äußerst schnell

Wie Hund und Katze sein - wesensverschieden, verfeindet

Einen Kater haben - Die Folgen heftigen Alkoholgenusses

Muskelkater - Muskel lat. musculus (Mäuschen)

Katzenmusik - mißtönende Musik

Die drohenden Katzen

Der alte Pfeifer von Oberjoch konnte die Katzen nicht leiden und plagte und prügelte sie daher, so oft er eine erwischen konnte. Das hatte er lange Zeit so getrieben, bis es ihm einmal beinahe schlimm ergangen wäre.
Er ging nämlich einmal nachts von Hindelang heim, und als er zu der kleinen Feldkapelle neben der Jochstraße kam, und an nichts Böses dachte, hörte er plötzlich ein schreckliches Murren und Knurren, Raunzen und Maunzen und da bemerkte er, dass mit einem Mal die ganze Straße voller Katzen war, die ihm den Weg versperrten und ihn mit feurig funkelnden Augen anblickten. Es müssen wohl viele Hundert gewesen sein, und alle kamen sie ihm auf leisen Pfoten entgegen.
Da ergriff ihn eine Höllenangst und eine solche Furcht, sie könnten nun alle über ihn herfallen, und in seiner Not gelobte er, nie mehr einer Katze etwas zuleide tun zu wollen. Im Augenblick war da der nächtliche Spuk vorbei, und so kam der Pfeifer von Oberjoch mit einem gehörigen Schrecken davon. Geplagt hat er Katzen seiner Lebtag nicht mehr, vielmehr stellte er von nun an jeden Morgen ein Schüsselchen frischer, süßer Milch für sie vor seine Haustüre.

Kater Martinichen

Auf der Halbinsel Wittow auf Rügen liegt das Dorf Putgarten. In diesem Dorf lebte eine reiche Bäuerin, die hieß Trine Pipers. Sie war jung Witwe geworden und hatte keine Kinder, wollte auch nicht wieder freien, obgleich viele Männer um sie warben, denn sie war ein sehr schönes und frisches Weib. Das konnten die Leute nicht recht begreifen, zumal sie sonst immer lustig und munter war und bei keinem Tanz und Gelage fehlte. Denn das musste man sagen: einen aufgeräumteren Menschen gab es nicht als diese Bäuerin und in keinem Haus war so viel Fröhlichkeit als in dem ihrigen.

An allen hohen Festen gab es Tanz und Spiel bei ihr; die Fastenzeit wurde mit Schmausen, Spielen und Tanzen beendet, zu Pfingsten und am Johannistag wurde unter grünen Lauben getanzt, und am Martinstag setzte keine Bäuerin so viele gebratene Gänse auf den Tisch. Wenn sie ihr Korn eingebracht, wenn sie Ochsen oder Schweine geschlachtet oder Wurst gemacht hatte, musste die ganze Nachbarschaft sich mit freuen und mit ihr feiern und schmausen. Kurz, diese Bäuerin lebte so prächtig, dass kaum eine Edelfrau besser leben konnte. In ihrem Haus war alles nett und tüchtig und fast über die Verhältnisse einer Bäuerin zierlich. Ebenso ordentlich und tüchtig sah es auf ihrem Hof und in ihren Ställen aus. Ihre Pferde glänzten immer wie die Aale, ihre Kühe waren die schönsten und gediehen am besten im ganzen Dorf, und sie hatten immer volle Euter, ihre Hühner legten zweimal am Tag, und von ihren Gänseeiern war nie eins hohl, sondern aus jedem schlüpfte ein Junges.

Weil ihr Haus in Ordnung und sie freigebig war, so hatte sie auch immer die schönsten und flinksten Knechte und Mägde auf ganz Wittow.

So lebte Trine manches Jahr, und kein Mensch konnte begreifen, wie sie sich als Bäuerin im Leben so halten und durchsetzen konnte. Und viele hatten schon gesagt: „Nun, die wird auch bald vor den Türen herumschleichen und betteln gehen."
Aber sie bettelte nicht herum, sondern blieb nach wie vor die reiche und lustige Trine Pipers. Andere, die dies lustige Leben so mitansahen, meinten, es gehe nicht mit natürlichen Dingen zu, sie habe Umgang und Gemeinschaft mit bösen Geistern. Viele wollten nachts einen Drachen gesehen haben, der wie ein langer, feuriger Schweif auf ihr Haus herabgeschossen sei, und das sei ihr heimlicher Geliebter, der hänge ihr den Rauchfang voll mit Schinken und Würsten, fülle ihr die Kisten und Kasten mit Silber und Gold und stehe mit am Butterfass und helfe buttern und gehe mit in den Stall und helfe melken.
Andere klatschten noch boshafter, sie sei selber eine Hexe und könne sich unsichtbar machen, schleiche in die Nachbarshäuser, stehle aus Kellern und Speisekammern, nehme den Hühnern die Eier aus den Nestern, melke heimlich die Kühe und rupfe den Schafen die Wolle und den Gänsen die Daunen aus. Darum könne sie so freigiebig sein und ein Leben führen, als wenn alle Tage Sonntag wäre.
So ging allerlei Geschwätz unter den Leuten, und sie flüsterten und munkelten viel über Trine Pipers, aber sie konnten ihr weder etwas anhaben noch beweisen. Sie tat all ihr Werk tüchtig vor den Leuten, war redlich in Handel und Wandel, ging fleißig zur Kirche und hatte immer eine offene Tasche und einen offenen Brotkorb für die Armen, wenn sie an ihre Türe kamen. Auch gingen die, die ihre Ehre hinter ihrem Rücken so verletzten, recht gern zu ihren Festen und Tänzen und schmeichelten ihr.
Trine Pipers hatte auf diese Weise wohl zwanzig Jahre ihre Wirtschaft geführt, und alles war ihr immer nach Wunsch geraten. Da bekam sie einen bunten Kater ins Haus, und

bald ging im Dorf und in der Nachbarschaft das Gerede: der sei es, das sei der Gewaltige, nun sei es endlich zum Vorschein gekommen und auch ein Kind könne es sehen, der trage ihr all das Glück zu.
Denn leider sind die meisten Menschen so, dass sie meinen, es müsse mit einem Menschen etwas Heimliches oder Ungeheures sein, wenn er die Narrenkappe des Lebens nicht gerade so trägt wie sie.
Kein Mensch wusste, wo der Kater hergekommen war. Trine lächelte und machte einen Scherz, wenn man sie fragte und sagte es nicht. Der Kater war groß, bunt und schön, grau mit gelben Streifen über dem Rücken und hatte einen weißen Fleck am linken Vorderfuß.
Da schrien einige Dorfbewohner: „Da haben wir's ja! Einen dreifarbigen Kater? Wer hat in seinem Leben gesehen oder gehört, dass es Kater mit drei Farben gibt?"
Trine liebte den Kater sehr und saß manche Stunde mit ihm alleine und spielte mit ihm, der mit wohlgefälligem Brummen seinen Kopf an sie schmiegte und alles, was ihr zu nah kam, anfauchte.
Die arme Trine wurde älter, die arme Trine hatte keine Kinder, sie musste was zu spielen haben. So saß sie nun manche Stunde, wo sie sich sonst draußen in ihrer Wirtschaft tummelte, still in der Stube und spielte mit ihrem Martinichen, denn so rief sie den Kater.
„Martinichen, Kater Martinichen", klang es in der Stube, „Martinichen" klang es auf dem Flur, „Martinichen" auf der Treppe und auf dem Boden. Keinen Schritt und Tritt tat sie ohne ihren Kater Martinichen. Martinichen war immer dabei, und vom Vorratsboden und aus der Speisekammer brachte er immer seine Bescherung mit im Mund.
Kurz, der bunte Kater Martinichen war ihre Puppe und ihr Spielzeug. Er stand mit ihr auf und ging mit ihr zu Bett, ja sie ging nicht mehr in die Nachbarschaft, ohne dass sie ihr Martinichen unterm Arm trug. Martinichen leckte von ihrem

Teller und schlappte aus ihrem Napf, er war der Liebling, er durfte alles, und keiner durfte ihm etwas tun.

Hunde wurden verjagt, die ihn beißen wollten und sogar ein Knecht, weil er ihn Murrkater, Brummkater, Speckfresser und Dieb genannt hatte, verabschiedet.
Es gab Geschichten und Lügen und Märchen bald im ganzen Dorf, dann im ganzen Ländchen. Trine hieß man eine Hexe, die einen wundersamen Kater habe, mit dem es nicht ganz richtig sei und vor dem man sich hüten müsse. Der Kater sei ein feister nobler Faulenzer und dennoch finde der Knecht, wenn er frühmorgens zur ersten Fütterung in den Pferdestall gehe, stets zwei Haufen toter Ratten und Mäuse vor. Das gehe nicht mit rechten Dingen zu.
Dieses Gerede und Gemunkel hatte sich erst draußen abgespielt, aber dann kam es auch in Trines Haus und zu Trines Leuten, und ihnen fing an, bei ihr unheimlich zu werden. Wenn sie mit schmeichelnder Stimme „Katerchen Martinichen, Kater Martinichen" rief und den Kater auf den Schoß nahm und ihm den Rücken streichelte, und der Kater brummte und schnurrte, dann wollte niemand mehr lange mit den beiden in der Stube bleiben.
Trine hatte immer die tüchtigsten und saubersten Leute gehabt, aber die konnten es jetzt in ihrem Haus nicht mehr aushalten. Sie zogen weg, und sie konnte zuletzt nichts als Pack und Mack in ihren Dienst bekommen, und selbst die blieben nicht lange.

Alle Welt glaubte nun, Trine sei eine Hexe, und keiner wollte mehr mit ihr zu tun haben. Auch war es mit der alten Gastlichkeit und Fröhlichkeit des Hauses vorbei und ebenso mit dem Schmausen und Tanzen, denn niemand wollte kommen.

Trine musste mit ihrem Kater Martinichen die Gänsebraten und Würste alleine verzehren.

Ach du arme Trine Pipers, die du sonst so fröhlich warst und alle gern erfreut hattest, wie ging es dir in deinen alten Tagen. Keine Freunde und Freundinnen, keine Nachbarn und Nachbarinnen kamen mehr, um sich mit dir zu belustigen und in wenigen Jahren verging auch das, wovon du dich hättest belustigen können. Die Leute raunten und flüsterten zwar, der Kater sei es, der habe bisher Scheunen und Kornböden, Keller und Speisekammern, Milcheimer und Butterfässer, Geldkatzen und Sparbüchsen gefüllt, aber warum ging es dann jetzt nicht immer noch so gedeihlich zu wie vorher, wo doch der angebliche Hexenmeister noch im Hause war?

Mit Trines Wirtschaft ging es von Tag zu Tag mehr zurück, sie hatte Knechte und Mägde, wie sie kaum ein Bettlerkrug beherbergt hätte, ihre Pferde magerten ab und gingen ein, ihre Schweine hatten Läuse, die Kühe gaben keine Milch mehr, ihre Schafe und Gänse wurden Drehköpfe, die Hühner und Enten legten keine Eier mehr, ihre Felder trugen Disteln und Dornen statt Korn und Weizen. Kurz, Trine geriet in zwei Jahren in die bitterste Armut. Pferde und Kühe waren weg, die Schweine ausgestorben, die Schafe geschlachtet, Tauben und Hühner vom Marder aufgefressen, der Hund an der Kette verhungert – kein Hahn krähte mehr vor ihrer Haustür, kein Bettler seufzte mehr seinen Dank davor. Trine saß alleine und verlassen mit gefurchten Wangen und von Tränen und Jammer triefenden Augen und weißen Haaren in der leeren Stube und hielt ihren mageren Kater auf dem Schoß.

Und so hat man sie eines Morgens gefunden: tot auf dem Boden ihres Stübchens hingestreckt und ihren treuen Kater Martinichen ebenso tot neben ihr liegend.
Als Trine nun tot war, so erzählten die Leute, ist sie immer als Hexe umgegangen. Und sie geht bis zum heutigen Tag als Hexe um in der Gestalt einer grauen Katze, deren Augen wie brennende Kohlen leuchten. Sie wird immer um Mitternacht an der Stelle gesehen, wo ehedem Trines Haus stand und dort faucht und miaut sie kläglich.

V. Die Katze in der Volksmedizin

Es ist leicht nachzuvollziehen, dass Rezepturen und Anwendungen, bei der Katzen oder Teile von Katzen verwendet wurden, in der Volksmedizin eine bedeutende Rolle spielten. Einige dieser Anwendungen sind nachfolgend aufgeführt:

Ein mehrfach gewundener Katzendarm um den Hals gelegt lindert Zahnweh. Auch der Schweiß einer abgehetzten Katze, den man auf den schmerzenden Zahn strich, galt als ein gutes Mittel gegen Zahnschmerzen.

Wenn ein entzündeter Finger schnell heilen sollte, steckte man ihn einer Katze ins Ohr oder ins Hinterteil.

Als ein Heilmittel gegen die Fallsucht (Epilepsie) wurde ein Trank empfohlen, dessen Grundlage Katzenkot war, der mit Branntwein angesetzt wurde. Aber auch ein wenig Katzenblut, vor allem aus dem Schwanz der Katze, wurde als wirksames Mittel gegen Fallsucht eingenommen.

Als ein sicheres Mittel gegen üble Kopfschmerzen (Migräne) wurden Umschläge mit einer Mischung aus Katzenkot und Essig empfohlen. Ähnlich heilsam wirkt in diesem Fall ein wenig Katzenhirn, morgens nüchtern gegessen.

Katzenblut, aus dem Ohr der Katze entnommen, soll gegen hohes Fieber helfen. Die Leber der Katze, pulverisiert, wurde als eine gute Arznei gegen Gallensteine angesehen und eingenommen.

Der Genuss von Katzenfleisch hilft gegen Schwindsucht, das Fett, äußerlich aufgetragen, ist eine gute Medizin gegen Brandwunden und Frostbeulen.

Um den Haarwuchs zu verbessern, massierte man täglich mit einer Mischung aus Senf und Katzenkot die Kopfhaut.

Gegen den Star in den Augen zerstieß der Heilkundige einen Katzenkopf zu Pulver und streute dieses dann in das Auge des Erkrankten.

Das Fell einer Katze, möglichst noch warm aufgelegt, verspricht Linderung bei Gicht- und Rheumaschmerzen, aber auch bei Leib- und Brustschmerzen.

In einem Volkskalender von 1874 kann man nachlesen, wie man am besten Gliederschmerzen behandeln kann: „Man nehme eine mittelgroße, weiße Angorakatze. Man zwicke sie so lange in den Schwanz, bis sie wild wird und davonläuft. Laufe ihr nach, bis sie schwitzt und reibe die schmerzhaften Glieder mit der Katze ein. Helfen tut's, vorausgesetzt, die Katze ist im wachsenden Monde geboren."

Nach einem alten Aberglauben soll das Kauen der Wurzel der echten Katzenminze Zorn erregen. Darauf spielt eine Legende von einem Scharfrichter an, der vor jeder Hinrichtung von dieser Wurzel habe kauen müssen, um nicht von Mitleid übermannt zu werden. auch zur Behandlung von Kühen, denen eine Hexe die Milch gestohlen hatte, wurde Katzenminze verwendet.

Kleine Fabel

„Ach“, sagte die Maus, „die Welt wird enger mit jedem Tag. Zuerst war sie so breit, dass ich Angst hatte, ich lief weiter und war glücklich, dass ich endlich rechts und links in der Ferne Mauern sah, aber diese langen Mauern eilen so schnell aufeinander zu, dass ich schon im letzten Zimmer bin, und dort im Winkel steht die Falle, in die ich laufe.“

„Du musst nur die Laufrichtung ändern“, sagte die Katze und fraß sie.

Katze und Maus in Gesellschaft

Eine Katze hatte Bekanntschaft mit einer Maus gemacht und ihr so viel von der großen Liebe und Freundschaft vorgesagt, die sie zu ihr trüge, dass die Maus endlich einwilligte, mit der Katze zusammen in einem Hause zu wohnen und gemeinschaftlich Wirtschaft zu führen. „Aber für den Winter müssen wir Vorsorge tragen, sonst leiden wir Hunger", sagte die Katze. „Du Mäuschen, kannst dich nicht überall hinwagen und gerätst mir am Ende in eine Falle."

Der gute Rat wurde befolgt und ein Töpfchen mit Fett angekauft. Sie wussten aber nicht, wo sie es hinstellen sollten. Endlich sprach die Katze: „Ich weiß keinen Ort, wo es besser aufgehoben wäre, als die Kirche, da getraut sich niemand etwas wegzunehmen. Wir stellen es unter den Altar und rühren es nicht eher an, als bis wir es nötig haben."

Das Töpfchen wurde also in Sicherheit gebracht; aber es dauerte nicht lange, so trug die Katze Gelüsten danach, und sie sprach zur Maus: „Was ich dir sagen wollte, Mäuschen, ich bin von meiner Base zu Gevatter gebeten. Sie hat ein Söhnchen zur Welt gebracht, weiß mit braunen Flecken, das soll ich über die Taufe halten. Lass mich heute ausgehen und besorge du das Haus allein."

„Ja, ja", antwortete die Maus, „geh in Gottes Namen. Wenn du was Gutes isst, so denk an mich. Von dem süßen roten Kindbettwein tränk' ich auch gerne ein Tröpfchen."

Es war aber alles nicht wahr. Die Katze hatte keine Base und war nicht zu Gevatter gebeten. Sie ging geradewegs nach der Kirche, schlich zu dem Fetttöpfchen, fing an zu lecken und leckte die fette Haut ab. Dann machte sie einen Spaziergang auf den Dächern der Stadt, streckte sich hernach in der Sonne aus und wischte sich den Bart, sooft sie an das Fetttöpfchen dachte. Erst am Abend kam sie wieder nach Haus.

„Nun, da bist du ja wieder", sagte die Maus. „Du hast gewiss einen lustigen Tag gehabt."
„Es ging wohl an", antwortete die Katze.
„Was hat denn das Kind für einen Namen bekommen?" fragte die Maus.
„Hautab", sagte die Katze ganz trocken.
„Hautab?" rief die Maus. „Das ist ja ein wunderlicher und seltsamer Name, ist der in eurer Familie gebräuchlich?"
„Was ist da weiter", sagte die Katze. „Er ist nicht schlechter als Bröseldieb, wie deine Paten heißen."
Nicht lange danach überkam die Katze wieder ein Gelüsten. Sie sprach zur Maus: „Du musst mir den Gefallen tun und nochmals das Hauswesen allein besorgen, ich bin zum zweitenmal zu Gevatter gebeten, und da das Kind einen weißen Ring um den Hals hat, kann ich's nicht absagen."
Die gute Maus willigte ein, die Katze aber schlich hinter der Stadtmauer zu der Kirche und fraß den Fetttopf halb aus. „Es schmeckt nichts besser", sagte sie, „als was man selber isst", und war mit ihrem Tagewerk ganz zufrieden.
Als sie heimkam, fragte die Maus: „Wie ist denn dieses Kind getauft worden?"
„Halbaus", antwortete die Katze.
„Halbaus! Was du sagst! Den Namen habe ich mein Lebtag noch nicht gehört, ich wette, der steht nicht im Kalender."
Der Katze wässerte das Maul bald wieder nach dem Leckerwerk. „Aller guten Dinge sind drei", sprach sie zu der Maus. „Da soll ich wieder zu Gevatter gehen, das Kind ist ganz schwarz und hat bloß weiße Pfoten, sonst kein weißes Haar am ganzen Leib, das trifft sich alle paar Jahr nur einmal. Du lässt mich doch ausgehen?"
„Hautab! Halbaus!" antwortete die Maus, „es sind so kuriose Namen, die machen mich so nachdenksam."
„Da sitzest du daheim im dunkelgrauen Flausrock und deinem langen Haarzopf", sprach die Katze, „und fängst Grillen. Das kommt davon, wenn man bei Tage nicht ausgeht."

Die Maus räumte während der Abwesenheit der Katze auf und brachte das Haus in Ordnung, die naschhafte Katze aber fraß den Fetttopf rein aus.
„Wenn erst alles aufgezehrt ist, so hat man Ruhe", sagte sie zu sich selbst und kam satt und dick erst in der Nacht nach Haus. Die Maus fragte gleich nach dem Namen, den das dritte Kind bekommen hätte.
„Er wird dir wohl auch nicht gefallen", sagte die Katze. „Er heißt Ganzaus."
„Ganzaus!" rief die Maus. „Das ist der allerbedenklichste Namen, gedruckt ist er mir noch nicht vorgekommen. Ganzaus? Was soll das bedeuten?" Sie schüttelte den Kopf, rollte sich zusammen und legte sich schlafen.
Von nun an wollte niemand mehr die Katze zu Gevatter bitten; als aber der Winter herangekommen und draußen nichts mehr zu finden war, gedachte die Maus ihres Vorrats und sprach: „Komm, wir wollen zu unserm Fetttopf gehen, den wir uns aufgespart haben, der wird uns schmecken."
„Ja wohl", antwortete die Katze. „Der wird dir schmecken, als wenn du deine feine Zunge zum Fenster hinausstreckst."
Sie machten sich auf den Weg, und als sie anlangten, stand zwar der Fetttopf noch an seinem Platz, er war aber leer.
„Ach", sagte die Maus, „jetzt merke ich, was geschehen ist, jetzt kommt's an den Tag, du bist mir die wahre Freundin! Aufgefressen hast du alles, wie du zu Gevatter gestanden hast: erst Haut ab, dann halb aus, dann ..."
„Willst du schweigen!", rief die Katze. „Noch ein Wort, und ich fresse dich auf."
„Ganz aus", hatte die arme Maus schon auf der Zunge. Kaum war es heraus, so tat die Katze einen Satz nach ihr, packte sie und schluckte sie hinunter.
Siehst du, so geht's in der Welt.

Kater, Hahn und Füchsin

Ein Kater und ein Hahn waren Freunde. Sie wohnten mitten im Wald in einem Häuschen. Eines Morgens sprach der Kater zum Hahn: „Ich muss in die Stadt und Futter für uns holen. Sperre die Türe ab und öffne vor allen Dingen nicht der Frau Füchsin, die hat nichts Gutes im Sinn."
Der Kater ging, und schon kam die Füchsin gelaufen, pochte an die Tür und rief: „Mach auf, Brüderchen Hahn!"
Der Hahn ging zum Fenster und sprach: „Ich darf dir nicht öffnen, Frau Füchsin, das hat mir der Kater verboten!"
„Ach, hör nicht auf den dummen Kater. Öffne mir die Tür. Ich kenne neue Spiele, und dir vergeht die Langeweile."
Da vergaß der Hahn, was er dem Kater versprochen hatte. Er öffnete die Tür, und die Frau Füchsin packte ihn und schleppte ihn hinweg. Da aber rief und krähte der Hahn: „Ach, Brüderchen Kater, komm herbei! Die Frau Füchsin trägt mich durch die Wasser und durch die Wälder!"
Der Kater hörte dies. Er eilte in großen Sprüngen zurück, schlug der Füchsin mit den Pfoten um die Ohren, nahm ihr den Hahn ab, und sie eilten zu ihrer Hütte im Wald.
Dort sprach der Kater: „Jetzt hast du es gesehen, dass die Frau Füchsin nichts Gutes im Sinn hat. Öffne ihr nicht mehr die Tür, ich muss fort und Futter für uns holen."
Der Hahn versprach alles, und der Kater ging hinweg. Schon kam die Füchsin gelaufen und pochte an die Tür.
Der Hahn ging zum Fenster und sprach: „Ich darf dir nicht öffnen, Frau Füchsin, das hat mir der Kater verboten."
„Ach, hör nicht auf den dummen Kater. Es ist dir doch langweilig, so allein!"
„Ach, weißt du, Frau Füchsin, der Kater wird böse, wenn ich dich hereinlasse."
„Wenn du es ihm nicht sagst, dann erfährt er es auch nicht. Komm, öffne die Tür, ich kenne neue Tänze!"

Da vergaß der Hahn, was er dem Kater versprochen hatte, er vergaß auch, was er mit der Füchsin erlebt hatte. Er öffnete die Tür, und die Füchsin packte ihn und schleppte ihn hinweg. Da aber rief und krähte der Hahn: „Ach, Brüderchen Kater, komm herbei! Die Frau Füchsin trägt mich durch die Wasser und durch die Wälder!"
Aber weit war der Kater gegangen, er hörte den Hahn nicht. Wieder rief und krähte der Hahn. Jetzt hörte der Kater seinen Freund, eilte zurück und traf die Füchsin gerade noch vor ihrer Hütte an. Da schlug er ihr mit den Pfoten um die Ohren und nahm ihr den Hahn ab. In ihrer Hütte sprach der Kater verzweifelt: „Jetzt hast du es wieder gesehen, die Füchsin hat nichts Gutes im Sinn! Öffne ihr nicht mehr. Ich muss in die Stadt und Futter für uns holen."
Diesmal versprach der Hahn dem Kater ganz fest in die Pfote, dass er nicht mehr öffnen würde. Der Kater ging. und schon kam die Füchsin und pochte an die Tür. Zuerst tat der Hahn, als ob er nichts hören würde. Aber dann wurde er doch neugierig. Er ging zum Fenster und sprach: „Ich darf dir nicht öffnen, das hat mir der Kater verboten!"
„Ach, hör nicht auf den dummen Kater. Ich kenne neue Spiele und Tänze!"
„Ach, Frau Füchsin, der Kater wird zornig, wenn er hört, dass ich dich hereingelassen habe!"
„Wenn du es ihm nicht erzählst, dann erfährt er es auch nicht. Komm, öffne mir die Tür! Ich habe auch Zuckerkuchen für dich gebacken!" Da vergaß der Hahn, was er dem Kater versprochen, und was er schon zweimal mit der Füchsin erlebt hatte. Er öffnete die Tür, die Füchsin packte ihn und schleppte ihn hinweg. Da aber rief und krähte der Hahn: „Ach, Brüderchen Kater, komm herbei! Frau Füchsin trägt mich durch die Wasser und durch die Wälder!"
Aber weit, weit war der Kater schon gegangen. Er hörte seinen Freund nicht. Wieder krähte der Hahn. Aber weit, weit war der Kater schon weg. Er hörte seinen Freund nicht

mehr. Da rief und krähte der Hahn noch einmal mit letzter Kraft. Da hörte der Kater seinen Freund ganz von fern rufen. Er eilte mit großen Sprüngen zurück. Aber da war die Füchsin mit dem Hahn gerade in ihrer Hütte verschwunden. Da überlegte der Kater, wie er seinen Freund retten und ihm helfen könnte. Er ging zu seiner Hütte, verkleidete sich als Spielmann, nahm einen Sack und seine Gitarre und zog zum Häuschen der Füchsin. Und dort sang und spielte der Kater. Frau Füchsin aber war gerade dabei mit ihrem Sohn und ihrer Tochter das Feuer zu schüren. Als nun die Tochter den Gesang hörte, sprach sie: „Mutter, ich muss sehen, wer so schön spielt und singt."

„Aber beeil' dich, wir müssen den Hahn schlachten und braten."

Als aber die Tochter der Frau Füchsin vor die Hütte kam, packte sie der Kater und steckte sie in den Sack. Und dann sang und spielte er weiter. Jetzt wurde der Sohn der Frau Füchsin neugierig und sprach: „Mutter, ich muss auch vor die Hütte gehen und sehen, wer so schön spielt und singt."

„Aber beeil' dich, und bringe deine Schwester gleich mit, wir wollen den Hahn schlachten und braten."

Als der Sohn der Füchsin vor die Hütte kam, erging es ihm wie seiner Schwester. Der Kater packte ihn und steckte ihn in den Sack. Dann sang und spielte er weiter. Jetzt wurde die Füchsin ungeduldig, sie wurde auch neugierig, und sprach: „Ich muss hinausgehen und selber sehen, was die da draußen so lange treiben. Wir wollen endlich den Hahn schlachten und braten!"

Als aber die Füchsin vor die Hütte trat, schlug ihr der Kater mit den Pfoten um die Ohren, packte sie und steckte auch sie in den Sack. Dann band er den Sack oben zu. Er ging in die Hütte und öffnete rasch die Tür des Käfigs, in dem der Hahn gefangen saß. Sogleich kehrten die beiden vergnügt zu ihrer Hütte zurück. Dort lebten sie in Freundschaft, bis an ihr seliges Ende.

Die Glockenblume

In einer großen Stadt hauste einst ein gewaltiger Kater. Da hielten die Mäuse einmal Rat untereinander und sagten: „Was fangen wir nur mit dem Kater an?"
Und sie beschlossen, eine Glocke zu kaufen.
„Die hängen wir ihm um den Hals", sagten sie, „dann hören wir's, wenn er kommt."
Sie taten also all ihr Geld zusammen und kauften eine Glocke. Darauf ratschlagten sie weiter und sprachen: „Wer wird sie jetzt dem Kater anhängen? Er ist ein so grimmiger Kumpan, dass er alles tötet, was in seine Krallen gerät."
Doch keine der Mäuse war so tapfer, dass sie es hätte wagen mögen. Da erhob sich ein großer Streit unter ihnen. Die eine sagte: „Du hast mich verführt, dass ich all mein Geld dafür ausgab!"
Die andere rief: „Nein, du hast es getan!"
Zuletzt kaufte ihnen der Hauskobold die Glocke ab und schenkte sie einer kleinen Blume. Und seit der Zeit gibt es Glockenblumen.

Vom Kater und dem Sperling

Ein Sperling flog einst auf den Misthaufen eines Bauern. Da kam der Kater, erwischte den Sperling, trug ihn fort und wollte ihn verspeisen. Der Sperling aber sagte: „Kein Herr hält sein Frühstück, wenn er sich nicht vorher den Mund gewaschen hat."

Der Kater nahm sich das zu Herzen, setzte den Sperling auf die Erde und fing an, sich mit der Pfote das Maul zu waschen. Schwupp, da flog ihm der Sperling davon.

Das ärgerte den Kater ungemein, und er sagte: „Solange ich lebe, werde ich immer zuerst mein Frühstück halten und erst dann den Mund waschen."

Und so macht er es auch bis zum heutigen Tag.

Die List der Katze

Die Katze und der Fuchs begegneten sich einstmals auf ihrem nächtlichen Beutegang. Eine ganze Weile zogen sie gemeinsam durch den Wald, doch es wollte ihnen nicht das kleinste Mäuschen über den Weg laufen und schließlich wurde ihnen ein wenig langweilig. Um sich die Langeweile so gut es ging zu vertreiben, begann sich das Pärchen von seinen Erlebnissen zu erzählen. Der Fuchs, der einer Sippe von Erzschelmen entstammte, geriet dabei ins heftige Übertreiben und schnitt am Ende gewaltig auf.

„So listenreich wie ich ist keiner auf der weiten Welt", prahlte er. „Weiß einer einen Kniff, habe ich sogleich einen besseren, findet einer eine Ausrede, so weiß ich zwei, drei, keiner ist mir über."

Die Katze hörte sich das eine Weile an, dann sprach sie: „Nun, wir alle wissen, dass du ein ganz schlauer und gewiefter Bursche bist, Gevatter Reineke. Aber nimmst du dein Maul jetzt nicht allzu voll?"

Der Fuchs war eingeschnappt. „Ich sage dir, Gevatterin Katze, dass ich Dutzende, ja hundert, nein tausend Listen auf Lager habe, einen prallen Sack voll. Und was auch immer kommen mag, ein Kniff davon passt gewiss."

Er maß die Katze mit einem geringschätzigen Seitenblick und fuhr fort: „Aber wie sieht es mit Dir aus, Gevatterin Katze? Behauptest du nicht immer, dass dir Schlauheit beschert sei? Sag doch, wie viele Listen du in deinem Packen hast, zwei, drei oder zehn?"

„Nicht doch, Gevatter Fuchs. Das ist zu viel der Ehre", gab die Katze zurück. „Ich habe nur eine einzige List in meinem Sack, doch mein ich, dass sie gut und gerne tausend wert sei."

Der Fuchs wollte sich fast ausschütten vor Lachen. „Das ist prächtig, Kätzchen. Das ist wahrhaftig eine hübsche Ge-

schichte. Eine List soll mehr wert sein als tausend? Mit Verlaub, du musst mir schon verraten, was das für ein Kunststück ist."
Beinahe wäre ein heftiger Streit zwischen dem Fuchs und der Katze entbrannt. Doch da war mit einem Mal in der Ferne ein wüstes Bellen zu vernehmen. Und es dauerte nicht lange, da tobte eine Meute Hunde herbei.
„Nun du Maulheld", sprach die Katze pfiffig, „nimm deinen Zaubersack zur Hand und suche darin rasch nach einer sicheren List. Im Augenblick will ich dir die meine zeigen."
Und damit erklomm die Katze mit ein paar behenden Sprüngen den nächsten Baum. Von dort oben sah sie mit heimlicher Schadenfreude, wie der prahlerische Fuchs sich vor den heranhetzenden Hunden zu retten versuchte, bis er schließlich in halsbrecherischem Zickzacklauf im Dunkel des Waldes verschwand.
Ob der Fuchs seinen Verfolgern entkommen konnte, wissen wir nicht. Sicher ist jedoch, dass diese eine Katzenlist mehr wert war, als all die fabelhaften Künste, die der Fuchs angeblich in seinem Zaubersack verwahrte.

Der Kater und die Füchsin

Es war einmal ein Mann, der hatte einen Kater. Das war ein ganz Schlimmer, ein rechter Tunichtgut. Schließlich wollte ihn der Mann nicht mehr haben, er überlegte hin und her, dann steckte er den Kater in einen Sack und trug ihn in den Wald. Dort ließ er ihn laufen. Mochte er doch umkommen!

Der Kater streifte durch den Wald und kam an ein Häuschen. Er kletterte auf den Dachboden und ließ es sich wohl sein. Plagte ihn der Hunger, ging er in den Wald, fing sich Vögel und Mäuse, tat sich gütlich daran und huschte wieder auf den Dachboden, aller Sorgen ledig.

Wieder einmal ging der Kater im Wald spazieren, da begegnete ihm die Füchsin. Sie sah den Kater und wunderte sich: „So viele Jahre lebe ich jetzt schon im Walde, ein solches Tier aber ist mir noch nicht begegnet!"

Die Füchsin verneigte sich vor dem Kater und fragte ihn: „Wer bist du, braver Bursche? Wie kommst du hierher? Und wie soll man dich anreden?"

Der Kater sträubte das Fell und antwortete: „Man nennt mich Kotofej Iwanowitsch, ich komme aus den Sibirischen Wäldern, bin zu euch als Statthalter entsandt."

„Ach, Kotofej Iwanowitsch", sprach die Füchsin, „bisher hab' ich von dir noch nichts gehört und nichts gesehen, komm doch mal und besuche mich!"

Der Kater ging zur Füchsin. Sie brachte ihn in ihren Bau und setzte ihm allerhand Wildbret vor; dabei fragte sie ihn: „Kotofej Iwanowitsch, bist du verheiratet oder noch ledig?"

„Bin ledig."

„Auch ich, die Füchsin, bin Jungfer. Nimm mich doch zur Frau!"

Der Kater willigte ein, und die beiden feierten ein fröhliches Hochzeitsfest.

Anderen Tages ging die Füchsin aus, die Vorräte zu ergänzen. Der Kater blieb daheim.
Kreuz und quer lief die Füchsin und hatte endlich eine Ente ergattert. Sie trug sie heim, da begegnete ihr der Wolf:
„Halt, Füchsin! Gib die Ente her!"
„Nein, ich gebe sie nicht her!"
„So nehm' ich sie dir weg!"
„Und ich sage es Kotofej Iwanowitsch, dann bist du des Todes."
„Wer ist denn dieser Kotofej Iwanowitsch?"
„Hast du es noch nicht gehört? Aus den Sibirischen Wäldern ist er zu uns als Statthalter entsandt! Bis jetzt war ich die Jungfer Füchsin, heut' bin ich des Statthalters Frau."
„Davon hab' ich noch nichts gehört, Lisaweta Iwanowna. Könnte ich mir den Statthalter nicht einmal ansehen?"
„Oje! Kotofej Iwanowitsch ist furchtbar böse. Wer ihm nicht nach dem Sinn ist, den frisst er auf der Stelle! Ich rate dir, hol einen Hammel und bring ihm den zum Gruß. Leg ihn in Sichtweite vor den Bau, du aber verstecke dich, damit der Statthalter dich nicht sieht, sonst könnt' es dir schlecht ergehen."
Der Wolf lief nach einem Hammel, die Füchsin aber lief ihrem Bau zu.
Da begegnete ihr der Bär: „Halt, Füchsin, wem bringst du die Ente? Gib sie her!"
„Mach, dass du fortkommst, Bär! Ich sag' es sonst Kotofej Iwanowitsch, dann bist du des Todes."
„Wer ist denn dieser Kotofej Iwanowitsch?"
„Na der, der aus den Sibirischen Wäldern als Statthalter zu uns entsandt wurde. Ich war bis jetzt die Jungfer Füchsin, heut' bin ich die Frau des Statthalters."
„Könnte man unsern Statthalter nicht einmal sehen, Lisaweta Iwanowna?"
„Oje! Kotofej Iwanowitsch ist furchtbar böse. Wer ihm nicht behagt, den frisst er auf der Stelle! Geh, richt ihm einen

Ochsen und bring ihm den zum Gruß. Pass aber gut auf, leg den Ochsen in Sichtweite vor den Bau, du aber verstecke dich, dass der Statthalter dich nicht sieht, sonst könnt' es dir schlecht ergehen!"
Der Bär trollte sich und suchte nach einem Ochsen, die Füchsin aber lief nach Hause.
Der Wolf hatte den Hammel gebracht, ihm das Fell abgezogen und stand nun da und überlegte. Da brachte der Bär auch schon den Ochsen angeschleppt.
„Sei gegrüßt, Michailo Iwanowitsch!"
„Desgleichen, Bruder Wolf! Hast du die Füchsin mit ihrem Mann nicht gesehen?"
„Nein, Michailo Iwanowitsch, ich warte ja selber auf sie."
„So geh doch mal hin und rufe sie", sagte der Bär zum Wolf.
„Nein, Michailo Iwanowitsch, ich geh' nicht, ich bin so unbeholfen, geh du lieber!"
„Oh nein, Bruder Wolf, mir steht das nicht zu, ich bin so zottig und krummbeinig!"
Da kam – ich weiß nicht woher – ein Hase daher. Der Wolf und der Bär brüllten ihn an: „Hierher, du Scheeläugiger!"
Der Hase duckte sich und legte die Ohren an.
„Du, Hase, bist wendig und flink auf den Beinen, lauf zur Füchsin und melde ihr, dass der Bär mit seinem Bruder, dem Wolf, schon lange bereit ist. Sie erwarten dich, so sprichst du, mit deinem Manne, dem Statthalter, und möchten ihm einen Ochsen und einen Hammel zu Füßen legen."
Der Hase lief zur Füchsin, so schnell ihn seine Beine tragen wollten. Der Bär und der Wolf aber überlegten, wo sie sich wohl verbergen könnten.
Der Bär sagte: „Ich klettere auf eine Kiefer."
Da sprach der Wolf zu ihm: „Und wo bleibe ich? Ich kann ja nicht auf Bäume klettern. Verbirg mich irgendwo."
Der Bär versteckte den Wolf im Gebüsch und deckte ihn

mit trockenem Laub zu, er selber aber kletterte auf eine Kiefer, bis in den äußersten Wipfel hinauf. Dort saß er nun und hielt Ausschau nach dem Statthalter und der Füchsin.
Unterdessen war der Hase am Fuchsbau angekommen: „Der Bär Michailow Iwanowitsch mit seinem Bruder, dem Wolf, schickt mich her, zu melden, dass sie beide schon seit langem dich und deinen Mann erwarten. Sie bringen euch einen Ochsen und einen Hammel zum Gruß."
„Lauf, Scheeläugiger, wir kommen gleich."
Der Kater und die Füchsin machten sich auf den Weg. Der Bär sah sie kommen und sagte zum Wolf: „Was ist doch Kotofej Iwanowitsch, der Statthalter, für ein kleiner Kerl!"
Der Kater stürzte gleich auf den Ochsen zu, sträubte das Fell, riss das Fleisch mit Krallen und Zähnen und mauzte dazu, als wäre er wunder wie böse: „Miau, miau! ..."
Wieder sagte der Bär zum Wolf: „Groß ist er zwar nicht, dafür aber gefräßig! Wir könnten's zu viert kaum schaffen, ihm scheint es zu wenig zu sein. Pass auf, er wird sich auch noch an uns ranmachen!"
Der Wolf wollte doch auch Kotofej Iwanowitsch sehen. Durch all die Zweige und Äste aber war es ihm unmöglich. So fing er denn ganz vorsichtig an, die Blätter beiseite zu schieben. Der Kater hörte es rascheln, dachte, es sei eine Maus, sprang mit einem Satz dem Wolf direkt ins Gesicht und schlug ihm auch noch die Krallen in die Schnauze.
Der Wolf erschrak, sprang auf und raste davon.
Der Kater aber war selber erschrocken und jagte den Baum hinauf, auf dem der Bär saß.
„Herrje!" dachte der Bär, „er hat mich gesehen!"
Hinunterklettern war nicht mehr möglich, und so ließ er sich denn vom Baum auf die Erde plumpsen, dass ihm schier die Eingeweide platzten! Schnell sprang er auf und machte, dass er davonkam.
Die Füchsin aber schrie ihnen nach: „Lauft, lauft! Er will euch zerreißen!"

Von dem Tage an fürchteten sich alle Tiere des Waldes vor dem Kater. Die Füchsin aber und der Kater versorgten sich für den Winter mit Fleisch und lebten in Saus und Braus und leben auch heute noch.

Die Autoren:

Sigrid Früh, geb. 1935, studierte Germanistik und Volkskunde in Tübingen und Zürich. Sie hält Seminare und Vorträge über Märchen, ist Märchenerzählerin in den verschiedensten Institutionen und eine der bekanntesten Märchenforscherinnen Deutschlands.
Zahlreiche Veröffentlichungen in verschiedenen Verlagen.

Ulrike Krawczyk, geb. 1953, studierte Germanistik und Linguistik an der Universität Stuttgart. Zusätzlich ließ sie sich in Sprecherziehung und Stimmbildung an der Musikhochschule Stuttgart und an der freien Musikschule in München ausbilden. Ihr besonderes Interesse galt dabei dem Märchen: Ein Interesse, das bereits seit der Kindheit durch ihre Mutter, die Märchenerzählerin Sigrid Früh, geweckt wurde.
Seit 10 Jahren erzählt sie Märchen und hält Seminare bei verschiedensten kulturellen Anlässen, Kulturtagen und Märchenwochen.
Veröffentlichungen in verschiedenen Verlagen, darunter einige mit ihrer Mutter, Sigrid Früh.

Literatur:

* Die Katze im Holunderbaum; Hans Fink: Volkserzählungen aus Südtirol
* Das Gericht der Tiere; H. F. Blunck: Wundermärchen, Flensburg und Hamburg o.J.
* Das Gold der Waldfrau; Josef Lefftz: Elsässische Volksmärchen, Gebweiler o.J.
* Sibyllenfahrt; E. Meier: Deutsche Sagen, Sitten und Gebräuche aus Schwaben, Stuttgart 1852; neu erzählt von Ulrike Krawczyk
* Die weiße Katze; Léon Pineau: Les contes populaires du Poitou, Paris 1891; aus dem Französischen übersetzt von Marlies Hörger
* Das Mädchen mit den weißen Kätzchen; P. Romuald Pramberger: Märchen aus der Steiermark, Seckau o.J.; neu erzählt von Ulrike Krawczyk
* Das Geschenk der Holle; J. Lukas: Spinnstubengeschichten, Arbon 1935, neu erzählt von Roland Kübler
* Die einäugige Katze; 1999 nach mündlicher Erzählung aufgezeichnet von Sigrid Früh
* Der Kater Wiljiki; erzählt von Paul Walch, der es von seiner russischen Mutter gehört hat, aufgezeichnet von Sigrid Früh, neu erzählt von Ulrike Krawczyk
* Der Katzenkönig; Joseph Jacobs: English Fairy Tales, London 1894; aus dem Englischen übersetzt von Marlies Hörger und Sigrid Früh
* Die Teufelskatze; Bernhard Baader: Volkssagen aus dem Lande Baden und den angrenzenden Gegenden, Karlsruhe 1851
* Das Katzenweible; Karl Reiser: Sagen, Gebräuche und Sprichwörter des Allgäus, Band I, Kempten 1895
* Das Nachtvolk; Käthe Recheis: Sagen aus Österreich, Wien o.J.
* Der Wundertaler; Adelbert Kuhn und Wilhelm Schwartz: Norddeutsche Sagen, Märchen und Gebräuche, Leipzig 1848
* Die rote Katze von Vogelsbüsch; Karl Lohmeyer: Die Sagen der Saar, Saarbrücken 1952
* Die Alexanderkatze; Theobald Kerner: Das Kernerhaus und seine Gäste, Stuttgart und Leipzig 1897
* Der Doktor mit den Böcken; Karl Hofmann: Die Sagen des badischen Frankenlandes, Karlsruhe 1911
* Der Spielmann und die Grafentochter; Otto Knoop: Ostmärkische Sagen, Märchen und Erzählungen, Lissa i.P. 1909
* Spiegel, das Kätzchen; Gottfried Keller: Aus der Sammlung „Die Leute von Seldwyla", Braunschweig 1856
* Der Kater Johann; Ulrich Jahn: Volksmärchen aus Pommern und Rügen, Norden und Leipzig 1891
* Wie Katze und Hund dem Fuchs halfen; Karl Haupt: Sagenbuch der Lausitz, Leipzig 1862; neu erzählt von Ulrike Krawczyk

* Das Schloss, das auf goldenen Säulen stand; B. Turley: Schwedische Volksmärchen, Leipzig 1905
* Die Hexenwäsche; Bernhard Baader: Volkssagen aus dem Lande Baden und den angrenzenden Gegenden, Karlsruhe 1851
* Katze, Hahn und Sichel; Revue des traditions populaires, 1890; aus dem Französischen übersetzt von Marlies Hörger
* Der Maushund von Schilda; Gustav Schwab: Deutsche Nationalliteratur, Berlin und Stuttgart, 1882
* Die drohenden Katzen; Karl Reiser: Sagen, Gebräuche und Sprichwörter des Allgäus, Band I, Kempten 1895
* Kater Martinichen; Ernst Moritz Arndt: Märchen und Jugenderinnerungen, Berlin 1843; neu erzählt von Ulrike Krawczyk
* Kleine Fabel; Franz Kafka: Sämtliche Erzählungen, Frankfurt 1971
* Katze und Maus in Gesellschaft; Brüder Grimm: Kinder- und Hausmärchen, Ausgabe letzter Hand, Göttingen 1857
* Kater, Hahn und Füchsin; erzählt von Paul Walch, der es von seiner russischen Mutter gehört hat, aufgezeichnet von Sigrid Früh
* Die Glockenblume; O. Dähnhardt: Naturgeschichtliche Volksmärchen, Band I, Leipzig 1909
* Vom Kater und dem Sperling; August Schleicher: Litauische Märchen, Sprichworte, Rätsel und Lieder, Weimar 1857
* Die List der Katze; La Fontaine: Fabel in Prosa, neu erzählt von Ulrike Krawczyk
* Der Kater und die Füchsin; Alexei Tolstoi: Russische Volksmärchen, übersetzt von Margarete Spady, Berlin 1951

* Zu Aberglauben, Brauchtum und Kulturgeschichte:
* Handwörterbuch des Deutschen Aberglaubens, Berlin und Leipzig 1927-1942
* E. Meier: Deutsche Sagen, Sitten und Gebräuche aus Schwaben, a.a.O.
* A. Birlinger: Volkstümliches aus Schwaben, Freiburg 1861-1862
* Sergius Golowin: Göttin Katze, München 1989
* M. Oldfield Howey: Die Katze in Magie, Mythologie und Religion, Wiesbaden 1991

In dieser Reihe bereits erschienen:

100 Seiten · illustriert
ISBN 3-926789-24-7

128 Seiten · illustriert
ISBN 3-926789-29-8

168 Seiten · illustriert
ISBN 3-926789-33-6

128 Seiten · illustriert
ISBN 3-926789-35-2